suhrkamp taschenbuch
wissenschaft 100

W0072756

Erik H. Erikson, der 1902 in Frankfurt am Main geboren wurde, hat in seinen Arbeiten vor allem versucht, den klassischen Interpretationsrahmen der Psychoanalyse – die Lebensgeschichte – um die »psychosoziale« und die »psychohistorische« Dimension zu erweitern.

Von seinen Schriften liegen in deutscher Übersetzung vor: *Kindheit und Gesellschaft, Jugend und Krise, Einsicht und Verantwortung, Gandhis Wahrheit, Der junge Mann Luther, Identität und Lebenszyklus.* In Vorbereitung: *Lebensgeschichte und historischer Augenblick.*

Dimensionen einer neuen Identität ist die Buchfassung der *Jefferson-Vorlesung* von 1973. In psychohistorischer Perspektive weist Erikson hier an der Person Thomas Jeffersons, dem dritten Präsidenten der Vereinigten Staaten, spezifische Züge religiöser, ethischer und politischer Natur auf, die zusammengenommen einen bestimmten Typus von Identität – den amerikanischen – konstituieren. Im zweiten Teil der Vorlesung bezieht Erikson die am Beispiel Jeffersons gewonnenen Einsichten auf die aktuellen Probleme einer »neuen Identität« in einer Zeit, in der alte Legitimationen brüchig geworden sind.

Erik H. Erikson
Dimensionen einer neuen Identität

Aus dem Amerikanischen von
Friedhelm Herborth

Suhrkamp

Titel der Originalausgabe:
Dimensions of a New Identity
Copyright © 1974 by W. W. Norton & Company, Inc.

suhrkamp taschenbuch wissenschaft 100
Erste Auflage 1975
© dieser Ausgabe Suhrkamp Verlag,
Frankfurt am Main 1975
Suhrkamp Taschenbuch Verlag
Alle Rechte vorbehalten, insbesondere das des
öffentlichen Vortrags, der Übertragung durch
Rundfunk oder Fernsehen und der Überset-
zung, auch einzelner Teile.
Satz: Librisatz, Kriftel.
Druck: Ebner, Ulm.
Printed in Germany.
Umschlag nach Entwürfen von
Willy Fleckhaus und Rolf Staudt.

Inhalt

Vorwort

Als die *National Endowment for the Humanities* (Nationale Stiftung für Geisteswissenschaften) die Einrichtung einer jährlich einmal stattfindenden *Jefferson-Vorlesung* bekanntgab, knüpfte sie an dieses mit einem großen Namen verbundene Ereignis Erwartungen, die – abgesehen von einigen Gelehrten, Künstlern, Publizisten und Wissenschaftlern – weit über die Hoffnungen der meisten Menschen hinausgehen: Erwartungen, die von »bedeutsamen Einsichten ins menschliche Leben« bis zur Darlegung der »großen Probleme der Menschheit« reichen. Doch ein Besuch von Wallace Edgerton, der damals Vorsitzender der Stiftung war, zerstreute meine Befürchtung, es werde Unmögliches verlangt, so weit, daß ich bei der Vorbereitung dieser Vorlesung über in Jeffersons Leben und Aussagen vorherrschende Probleme nachdenken konnte, über Probleme, die auch für die weitere Klärung von Fragen in meinem Arbeitsbereich wesentlich sind.

Im Washington des 1. Mai 1973, an dem ich den ersten Teil meiner Vorlesung hielt, schienen humanistische Einsichten und öffentliche Streitpunkte (zumindest die aufsehenerregenderen) infolge der Spaltung der Nation durch den Krieg in Südostasien weiter voneinander entfernt zu sein als je zuvor. Wie vorherzusehen, erwartete ein Teil der Hörer in erster Linie eine Klärung großer Probleme, die heute so aktuell sind wie gestern und morgen. Ich hielt es jedoch nicht für ratsam, die *Jefferson-Vorlesung* von einem kurzfristigen Interesse bestimmen zu lassen, zumal es mir schwer genug fiel, die Gedanken, die ich mir zurechtgelegt hatte, in der zur Verfügung stehenden Zeit vorzutragen. Inzwischen sehe ich die langfristige Konvergenz zwischen den aktuellen Interessen und meinen Hauptthemen klarer, und als ich die Vorlesung für diese Buchfassung erweiterte, habe ich mich bemüht, dies deutlich auszudrücken. Gleichzeitig habe ich versucht, den Charakter des gesprochenen Wortes weitgehend zu erhalten. Die Vorlesung ist an zwei aufeinanderfolgenden Abenden gehalten worden. Um eine so lange Rede zu unterbrechen (wie ein Redner, der mit einem überraschenden, frischen »meine Damen und Herren« seine Zuhörer und sich selbst wieder munter macht), habe ich den Text in Abschnitte unterteilt und diese mit Untertiteln versehen. Ich hoffe, daß dies die Leser sich hin und wieder auf ihren Stühlen recken läßt, und es ihnen leicht macht, den öfters neu ansetzenden Gedankengängen zu folgen.

Wie persönlich auch immer eine *Jefferson-Vorlesung* vom Vortragenden erfahren wird – sie ist ein jährlich wiederkehrendes Ereignis. In diesem Jahr versammelte die Stiftung ihre nationalen Repräsentanten und parlamentarischen Förderer. Ich danke dem gegenwärtigen Vorsitzenden Dr. Ronald S. Burman und seinem Kollegium dafür, daß ich bei diesem bedeutsamen Ereignis eine zentrale – wenn auch vorübergehende – Rolle spielen durfte. Meine Vorlesung kann nur ein begrenzter Beitrag aus der Sicht einer bestimmten Lebensarbeit sein. - Spätere Redner werden die Beiträge ihrer Vorredner erweitern und differenzieren; die *Jefferson-Vorlesungen* werden zu einem wichtigen Element in der für unsere Nation so bedeutsamen Arbeit der Stiftung werden.

I. Die Gründer:
Jeffersons Handeln und Glaube

Einleitung:
Von der Fallgeschichte zur Geschichte

Ich möchte zunächst der Stiftung dafür danken, daß sie mich eingeladen hat, eine *Jefferson-Vorlesung* zu halten. Mir ist durchaus bewußt, daß eine solche Vorlesung nicht unbedingt Thomas Jefferson zum Gegenstand haben muß, wenn die Reihe der seinen Namen tragenden Vorlesungen auch in seinem Geiste eingerichtet wurde. Gleichwohl haben mich die Vorbereitungen für diesen Vortrag dazu geführt, die Gestalt Thomas Jeffersons erneut in den Blick zu fassen. Doch (und das hätte ich wissen sollen) wenn man das tut, ist es unmöglich, an ihm vorbeizugehen. Ebenso schwer aber ist es, wie schon höchst bedeutende Geister festgestellt haben, ihn zu treffen. Die Gestalt Jeffersons hat so viele Facetten, daß ich mit einer Paraphrase von John F. Kennedys berühmter Bemerkung vor im Weißen Haus versammelten Nobelpreisträgern beginnen muß – der Bemerkung, daß es dort, seit Präsident Jefferson dort allein zu Tisch gesessen habe, kein gleichermaßen außergewöhnliches Zusammentreffen menschlicher Begabungen gegeben habe. Mit gleichem Recht könnte man sagen, daß dieser Mann, über den es ebenso glänzende und tiefschürfende wie oberflächliche Untersuchungen gibt, noch immer als ein rätselhaftes Wesen lebendig ist, dessen Bild durch die Bemühungen der aufeinanderfolgenden Generationen, diesen Mann zu verstehen, immer umfassender wird. Ich begreife mich daher als ein Zeuge vor einer ständigen Versammlung von Gelehrten, der aufgerufen ist, einen bestimmten Gesichtspunkt darzustellen und zu erläutern. Meine Kompetenz als ein solcher Zeuge ist durch meinen Status als Amerikaner und durch meinen Beruf definiert.

Als Einwanderer habe ich das, was (wahrscheinlich) jedes amerikanische Kind in der Schule über die Geschichte seines Landes lernt, erst in einem späteren Lebensabschnitt erfahren. Indes: an Jeffersons Verpflanzung humanistischer Einstellungen auf den amerikanischen Kontinent ist vieles, was die humanistische Erziehung, die ich in Europa genoß, mich schätzen lehrte. Gleichzeitig ist mir wohl bewußt, daß das theoretische Interesse, das ich aus Europa mitgebracht habe, in diesem Lande eine Richtung eingeschlagen hat, die, wohin immer sie führen mag, nur hier möglich ist; daher konnte ich auch im Titel dieser Vorlesung meine theoretischen Auffassungen von Identität unverblümt mit dem heutigen Anlaß verbinden.

Schließlich ist vor unseren eigentlichen Überlegungen noch folgendes festzustellen: Ich bin Psychoanalytiker und, wie manche von Ihnen wissen werden, wird mein Name häufig im Zusammenhang mit dem Terminus »Psychohistorie« genannt. Es ist mir wichtig, gleich am Anfang klarzustellen, daß ich diesen Terminus nur noch mit stillschweigenden Anführungszeichen gebrauche. Der Gebrauch dieses Terminus ohne Anführungszeichen ist relativ naturwüchsig aufgekommen – so wie einst auch der der Termini »Psychobiologie« und »Psychosomatik«, in bezug auf die uns inzwischen klargeworden ist, daß sie gerade die Trennung, die sie überwinden möchten, perpetuieren – und ich möchte nicht mit allem in Zusammenhang gebracht werden, was unter Berufung auf diesen Terminus gesagt und getan wird. Daher dürften einige Anmerkungen zu methodologischen Problemen angebracht sein, im Anschluß an die ich dann darstellen kann, wie ich eine historische Gestalt wie Jefferson zu begreifen versuche.

»Psychohistorie« heißt im wesentlichen: Studium des individuellen und kollektiven Lebens mit Hilfe der Methoden der Psychoanalyse *und* denen der Geschichtswissenschaft. Trotz – oder wegen – der sehr spezifischen und zum Teil einander widerstreitenden Forderungen an Psychoanalyse und Geschichte müssen die Vertreter jedes dieser beiden Gebiete auf ihrer Seite Brückenköpfe bauen, um einen wirklichen Bogen zueinander spannen zu können, und die auf diese Weise entstehende Brücke muß einen uneingeschränkten Verkehr in beiden Richtungen erlauben. Sollte dies einmal erreicht werden, wird die Geschichtswissenschaft wieder einfach Geschichtswissenschaft sein, aber eine, die sehen kann, daß sie schon immer einen heimlichen und umständlichen Verkehr mit der Psychologie unterhalten hat, der jetzt direkt, offen und bewußt sein kann. Ebenso wird sich die Psychoanalyse *ihrer* historischen Determinanten bewußt geworden sein, und *Fall-Geschichte* und *Lebens-Geschichte* werden nicht länger leere Worte sein. Die Art und Weise der »Auffassung von Geschichte« ist gleichzeitig eine Form des »Machens von Geschichte«.

Aufgrund des klinischen Ursprungs der Psychoanalyse ähnelt das, was heute »Psychohistorie« genannt wird, häufig einer Fallgeschichte. In einer Fallgeschichte wird über das berichtet, was bei einem Menschen schief ging, warum er sich nicht oder nicht weiter entwickelte. Der Beobachter versucht, mit Hilfe seiner psychodynamischen Ansichten eine Diagnose zu stellen, und er macht therapeutische Vorschläge in bezug auf den dargestellten Fall und diesem ähnliche Fälle. Demgegenüber wird in einer Lebensgeschichte beschrieben, wie ein Mensch sich zu einer Persönlichkeit entwickelte, die auch für das Leben anderer eine bedeutsame Rolle spielt. Auch der Held einer Lebensgeschichte hat gewöhnlich einen chronischen neurotischen Konflikt, der seinen Charakter kennzeichnet, aber ein solcher Held wird nur in dem Maße zu einem Fall, in dem er seinem Konflikt ausgeliefert ist.

Nachdem ich meinen ersten »psychohistorischen« Versuch vorgelegt hatte, hat mich die über den meisten Rezensionen stehende Überschrift »Luther auf der Couch« ebensosehr geärgert wie belustigt. Inzwischen sind einige Analysen bedeutender Gestalten (auch Jeffersons) erschienen, die mit dem, was diese Menschen gesagt und geschrieben haben, so umgegangen sind, als handele es sich bei den Äußerungen dieser Menschen um freie Assoziationen im Verlauf mehr oder weniger freiwilliger Bekenntnisse und Geständnisse der Art, wie sie von Patienten in Analyse gemacht werden. Ein derartiges Vorgehen ist schlicht falsch. Die Lebensgeschichte einer historischen Gestalt muß vor allen Dingen deren Lebenszusammenhang berücksichtigen, zumal eine solche Gestalt auch einen Teil ihrer Welt zusammenhält. Ferner muß eine solche Gestalt in ihrer Einzigartigkeit wie in ihrer Widersprüchlichkeit und Fehlerhaftigkeit als prototypisch für ihre Zeit gesehen werden sowie unter dem Gesichtspunkt, wie sie die spezifischen Bedürfnisse im Leben derer, die ihr folgen, erfüllt.

Daß die psychohistorische Arbeit einige Wurzeln in der

14

Psychoanalyse hat, ist von folgenreicher Bedeutung. Der Psychoanalytiker muß in seiner Ausbildung lernen, unbewußte Motive, die er bei anderen analysiert, auch bei sich selbst zu verstehen. Deshalb unterzieht er sich einer Lehranalyse. Und wenn er einem Patienten helfen will zu erkennen, was in dessen Leben schiefgehen konnte (und schiefging), muß er das unterstützen, was im Patienten von sich aus zur Heilung tendiert. So muß er nicht nur lernen, keinen Schaden anzurichten, sondern auch, Deutungen nicht zur Durchsetzung seiner eigenen Vorlieben oder Abneigungen zu benutzen – zumindest nicht, ohne zu wissen, daß und warum er es tut.

Die Psychohistorie hat eine entsprechende hippokratische Verantwortung, die leicht zu erkennen, aber schwer zu formulieren ist. Denn wer ist ausgebildet (und worin besteht die Ausbildung), historische Gestalten zu »diagnostizieren« und die Geschichte zu »kurieren«? Die Gesetzmäßigkeit, nach der wir beim Studium der Lebensgeschichte einer historischen Persönlichkeit suchen, muß einer doppelten Forderung genügen: sie muß die Ziele dieser Persönlichkeit im Bezugssystem ihrer Zeit klären, und sie muß diese Persönlichkeit und ihre Zeit auf das Wertsystem des Psychohistorikers beziehen. Gute Historiker haben schon immer ein Bewußtsein ihres eigenen Ortes in der Geschichte ausgedrückt – in ihrem Stil wie in ihrem Bewußtsein. Denn Geschichtswissenschaft zeichnet nicht bloß die fortwirkenden Veränderungen in der politischen Macht und in der Macht von Ideen nach sich ziehenden Interaktionen zwischen Führern und Geführten auf, sie hält auch fest, wie Auffassungen von Geschichte das Schreiben *und* das Machen von Geschichte beeinflussen und reflektieren. Da ein

15

derartiges Bewußtsein durch psychologische Einsicht geschärft wird und da Führer und Geführte aufgrund des mächtigen Einflusses der Medien heute in jedem Sinne des Wortes selbstbewußter werden, entwickeln sich neue Verantwortlichkeiten, die mir ein ebenso geeignetes wie unumgängliches Thema für jene Versammlung von Gelehrten und Wissenschaftlern zu sein scheinen, die das Leben und die Zeit Jeffersons studiert und vor der ich hier als Zeuge auftrete.

Fassen wir mit Daniel Boorstin zusammen: »Wir dürfen unsere Vergangenheit nicht als eine Anthologie auffassen, aus der wir je nach Bedarf geeignete Phrasen abrufen; sie muß uns vielmehr als Bühne dienen, auf der wir beobachten können, wie die Menschen ihre alten Probleme in ihrer ganzen quälenden Komplexität zu lösen versuchen.«Der Psychoanalytiker fügt dem nur noch hinzu, daß Vergangenheit hier die Kindheit der Individuen und die der menschlichen Gattung umfaßt und daß die »altenProbleme« auf der individuellen wie auf der kollektiven Ebene sich als erstaunlich aktuell erweisen können.

Der Blick von Monticello

Wir wollen jetzt versuchen zu skizzieren, wie Jefferson die Welt sah. Ich will seine Sicht als den »Blick von Monticello« bezeichnen. Wie Dumas Malone gezeigt hat, hat man Jefferson ein ganzes Jahrhundert lang in erster Linie als großen *Staatsmann* betrachtet, als ein Leben, das mit der Schaffung einer neuen Nation zusammenfällt, und erst in zweiter Linie als großen *Humanisten*, als einen Mann, der sich in seinem privaten wie im öffentlichen Leben für die Erneuerung alter Werte auf einem jungen Kontinent eingesetzt hat. Erst in jüngster Zeit hat man mit einer systematischen Erforschung der rätselhaften und widersprüchlichen *Persönlichkeit* dieses Mannes begonnen.

Nach dem, was ich bisher über meine Motive und mein Mandat gesagt habe, ist klar, daß der Beitrag, den ich leisten kann, in umgekehrter Richtung vorgeht, nämlich von der Entwicklung von Jeffersons Persönlichkeit zu seinem Humanismus und schließlich weiter zu seiner Politik. Indes, wie bereits angedeutet, auch der äußerst idiosynkratische Handlungsstil eines Staatsmannes (der noch kein offenes Symptom eines Zusammenbruchs der Selbstkontrolle ist) ist immer von bestehenden Bedingungen und Stimmungen geprägt, besonders von im Entstehen begriffenen Bedingungen, in die seine eigenen Intentionen eingehen. Daher muß man, wenn man die Persönlichkeit eines Staatsmannes charakterisieren will, die verwickelten Bewegungen der Geschichte genauso gründlich studieren wie die des Staatsmannes. Und wenn man seine inneren Beweggründe verstehen will, muß man alle verfügbaren Daten noch einmal daraufhin untersuchen, ob frühere Forscher vielleicht verzerrende Auswahlen getroffen oder wichtige Aspekte außer acht gelassen haben. Ich kann mir heute keine interessantere Arbeit vorstellen und hätte sie gewiß getan, wenn ich zehn Jahre früher gebeten worden wäre, im Jahre 1973 eine *Jefferson-Vorlesung* zu halten. Da dies nicht der Fall war, muß ich das mir am leichtesten zugängliche Material nehmen, und zwar werde ich mich auf zwei literarische Arbeiten Jeffersons konzentrieren: auf das einzige von ihm verfaßte Buch, die *Notes on the State of Virginia*, die, weil sie nicht nur den Zustand des Staates, sondern auch die Verfassung des Autors im Blick haben, als ein Modellfall psychohistorischer Literatur gelten dürfen –, und auf seine Ausgabe des Neuen Testaments.

Als er die *Notes on the State of Virginia* schrieb, war Jefferson achtunddreißig Jahre alt. Sein Buch gibt im wesentlichen einen statistischen und geographischen Überblick über das damalige Virginia, von dem er als guter Kolonist als von »meinem Lande« sprach. Doch sein Blick ist der von Monticello, vom Wohnhaus jener Plantage, die höher gelegen war als alle anderen in der Umgegend und von der aus man die Blue Ridge Mountains überblickte. Jefferson hat dieses Haus zusammen mit Wäldern und Feldern, Sklaven und »anderen beweglichen Gütern« von seinem Vater geerbt. Vielleicht hatte dieser dem Haus den Namen »Monticello« gegeben. Die Übersetzung dieses Namens mit »kleiner Berg« hat mir nie ganz eingeleuchtet, weil sie weder der Gestalt noch der Bedeutung des Ortes gerecht wird. »Monte« heißt zwar »Berg«, kann aber auch eine Erhebung bezeichnen, der größere Bedeutung zukommt als sich aus ihrer bloßen Höhe ergibt – so wie im Falle von *Berg-predigt* oder *Acro-polis*, zwei Bedeutungen, die ich mit der von *Monticello* in Zusammenhang bringen möchte.

Der gelegentliche Besucher kann Monticello leicht für eine aristokratische Plantage halten, die allein aufgrund des Vermögens ihres Besitzers denjenigen jener Aristokraten überlegen war, die sich – in Jeffersons Worten – »an den Flutwassern der großen Ströme niedergelassen« hatten und »luxuriös und extravagant lebten«, ohne zu erkennen, daß Monticello im Lauf der Zeit zu einem einzigartigen architektonischen Manifest geworden ist. Von aristokratischer Abstammung hielt Jefferson ohnehin nicht viel: die weniger begüterten Nachkommen seiner Nachbarn nannte er »Mischlinge«. Unterhalb von diesen ordnete er die »Heuchler« ein, diejenigen, die versuchten, sich wie Aristokraten zu verhalten, »sich über den Rang der Plebejer zu erheben«. Jefferson glaubte an eine »natürliche Aristokratie«, die auf einer »soliden und unabhängigen Bauernschaft« beruhte, deren Zuversicht in der Fähigkeit zu arbeiten und der Macht des Glaubens gründete. Wie dem auch sei, Monticello, das er ständig umbaute, sollte ein Vorbild für seine Gesellschaft wie für die in ihr üblichen Wohnformen sein; und wenn Jefferson später über die Universität von Virginia (die er in Sichtweite von Monticello geplant hatte) sagte, sie sei »das künftige Bollwerk des menschlichen Geistes in dieser Hemisphäre«, wird deutlich, daß Monticello für ihn schon vorher den Charakter einer mit einer Kuppel gekrönten heiligen Stätte angenommen hatte, in der klassischer Stil und europäische Bildung sich erneuern und mit der einheimischen amerikanischen Natürlichkeit vereinen würden, eine Verbindung, die aus der bearbeiteten Natur – einschließlich der menschlichen Natur – das Beste zutage fördern würde. Wenn es dies sein sollte, wofür Monticello steht und worauf die Amerikaner heute nostalgisch zurückblicken, so wissen (oder fühlen) sie, daß in der Epoche, in der Jefferson lebte, das von seinem Freund William Wirt so bezeichnete »Zeitalter des Ornaments« zu Ende ging. Gleichwohl ist es wichtig, die Dominanz des Identität stiftenden Elements der *natürlichen Aristokratie,* das Jefferson von seinem Vater erbte, zu erkennen. Wenn die Einheirat des Vaters in die Familie Randolph und deren Wohlstand dem Sohn auch Konflikte bereitete – dank des ungebrochenen Glaubens des Vaters an Selbstverwirklichung durch Arbeit und Studium scheint der Sohn einerseits klare Richtlinien erhalten zu haben und andererseits eine wilde, auf walisische Widerspenstigkeit zurückgehende Unabhängigkeit des Geistes entwickelt zu haben.

Von seinem Vater, einem Mann mit Überblick und Weitblick, hatte Jefferson auch seine männliche, hochgewachsene und schlanke Statur sowie die Leidenschaft geerbt, gleichzeitig die Einzelheiten dessen, was in der Nähe ist, und die Grenzen des Horizonts zu überblicken. In dieser Fähigkeit zum *Überblick* sehe ich ein weiteres wichtiges Element seiner Identität, das später, nämlich beim Kauf des riesigen Gebietes zwischen dem Mississippi und den Rocky Mountains (Louisiana Purchase, 1803) und bei der von Jefferson veranlaßten Expedition von Lewis und Clark, nationale Bedeutung gewinnen sollte.

Über den Widerstreit gegensätzlicher Idealbilder bei Jeffersons Identitätsbildung erfahren wir einiges aus ei-

nem Brief des Präsidenten an seinen Enkel, in dem er
über seine Rollenwahl schrieb: »In Begeisterung bewir-
kenden Situationen wie beim Erlegen eines Fuchses,
beim Sieg eines Lieblingspferdes, bei der Entscheidung
über ein vor Gericht oder vor dem Parlament geschickt
vorgetragenes Argument habe ich mich oft gefragt, welcher dieser Arten von Ruhm ich den Vorzug geben solle.« Jefferson versichert seinem Briefpartner dann, daß
»eine derartige Rückbesinnung, die Gewohnheit der
Selbstbefragung nicht belanglos und sinnlos ist, sondern
zu klugen Entscheidungen und stetem Verfolgen des
Richtigen führt«. Wie wir hier sehen, sind selbst die
Wahlen, die Jefferson in einer ganz introspektiven
Stimmung ins Auge faßt, Ziele, die hervorragende Leistungen krönen. Doch, und das ist interessant, obwohl
ihm viele Dinge ungewöhnlich leicht zufielen, ist er niemals ein guter Redner gewesen; andererseits *schrieb* er
mit glänzender Rhetorik. Man wird ein gutes Gefühl haben, wenn man im Alter sieht, daß man nicht die Wahl
getroffen hat, für die man nicht bestimmt war.

Als Jefferson 1781 im Alter von achtunddreißig Jahren
die *Notes on the State of Virginia* schrieb, hatte er bereits
die beiden unsterblichen Erklärungen verfaßt, die nach
seinem Wunsche auf seinem Grabstein als »Zeichen, daß
ich gelebt habe«, vermerkt werden sollten, nämlich die
Unabhängigkeitserklärung und eine *Erklärung für Reli-
gionsfreiheit in Virginia.* Doch als er die *Notes* schrieb,
war seine Karriere an ihrem tiefsten Punkt angelangt. Er
war zu dieser Zeit Gouverneur eines von feindlichen
Truppen besetzten Landes und war außerdem – weil er
bestimmte Notmaßnahmen schlecht durchgeführt habe – von einem Amtsenthebungsverfahren (impeach-

ment) bedroht: er war ein von Monticello Flüchtender; die Engländer hatten auch diesen Ort für eine kurze Zeit besetzt. Man hat jedoch den Eindruck, daß der Autor Jefferson dann am besten und persönlichsten war, wenn er sich in Schwierigkeiten befand. Der französische Diplomat, der ihn aufgefordert hatte, einen Tatsachenbericht zu schreiben, erhielt statt dessen ein Dokument von einzigartiger Eloquenz und Überzeugungskraft – ein Dokument, das durch eine Fügung des Schicksals zwar nicht in Monticello geschrieben wurde, aber zweifellos die Welt so darstellte, wie sie von Monticello aus gesehen wurde.

Im wesentlichen geben die *Notes* einen Überblick über geographische Besonderheiten, über Produktionskapazitäten und über Bevölkerungszahlen. In Virginia lebten damals 300.000 freie Einwohner und fast genauso viele Sklaven. Jeffersons Bemerkungen beziehen sich auch auf die vorhandenen Institutionen und auf die »Lebensart«, d. h. auf das, was wir heute als Sitten und Gebräuche oder als Kultur bezeichnen. Die meisten seiner Themen sind sehr praktische; um so eindrucksvoller sind die Emotionen aufrührenden Themen und in Zusammenhang mit ihnen die Äußerungen über Identität stiftende Elemente, die sich souverän über den Tatsachenbericht erheben.

Besonders deutlich tritt ein Element hervor, das ich als das des *Amateurs* bezeichnen möchte, des Liebhabers im weiten Sinne des Wortes. Jefferson war ein Liebhaber natürlicher Ansichten. (Zu einem späteren Zeitpunkt sagte er: »Ich empfinde, also bin ich«.) Was mag z. B. ein Franzose von jener Sinnlichkeit gehalten haben, die sich in der folgenden Passage ausdrückt:

22

»Wenn wir uns in den milderen und warmen Monaten des Jahres im Freien aufhalten, spüren wir oft warme Luftströme, die schon nach zwei oder drei Sekunden an uns vorübergezogen sind, so schnell, daß selbst das empfindlichste Thermometer ihre Temperatur nicht zu messen vermag. Allein aufgrund meiner Empfindungen urteilend nehme ich an, daß diese Luftströme der durchschnittlichen Wärme des menschlichen Körpers nahe kommen; einige haben vielleicht eine etwas höhere Temperatur. Doch woher kommen sie? Wie entstehen sie? Am häufigsten sind sie bei Sonnenuntergang, selten in der Mitte des Tages, und ich kann mich nicht erinnern, sie jemals am Morgen gespürt zu haben.« »Gespürt zu haben« – es handelt sich in der Tat um so etwas wie eine intime Begegnung, doch der die Natur Bewundernde behält seine beobachtende und fragende Distanz bei.

In den *Notes* findet sich auch eine Beschreibung des berühmten Naturwunders der *Natural Bridge* und seiner Reaktion auf es. Eine derartige Beschreibung gehöre zwar nicht, wie er einräumt, »zum Thema«, doch dürfe dieses »großartige Werk der Natur« nicht außer acht gelassen werden. »Es befindet sich an der Steigung eines Hügels, der durch eine mächtige Erschütterung gespalten worden zu sein scheint... Obwohl feststehende Felsen an den Seiten dieser Brücke in manchen Teilen ein sicheres Geländer bilden, haben nur wenige Menschen den Mut, an den Rand der Brücke zu gehen und in den Abgrund zu blicken. Unwillkürlich fällt man auf Hände und Füße und kriecht bis zum Geländer vor, um verstohlen über es hinwegzublicken.« Im weiteren Fortgang geht die Beschreibung sehr viel weiter ins Detail, als der französische Diplomat erwartet haben wird: »Der Blick von dieser Höhe hinunter, er währte ungefähr eine Minute, rief heftige Kopfschmerzen hervor – als ob der Blick vom Gipfel schmerzhaft und unerträglich sei; der Blick von unten ist gleichermaßen extrem, aber herrlich. Man kann sich keine intensiveren Empfindungen vorstellen als die, die dieses großartige Werk der Natur auslöst.«

Zu einem späteren Zeitpunkt sprach Jefferson von einer gewissen Trübung seiner Erinnerung. Das für unser Interesse Entscheidende ist jedoch, daß er in den Überblick über den Zustand des Staates Virginia einen Bericht über seinen persönlichen Zustand einfügt – eine wichtige Voraussetzung für psychohistorische Untersuchungen. Halten wir für spätere Überlegungen das Nebeneinander von Höhe und Tiefe sowie von feinen Empfindungen und heftigen Kopfschmerzen fest.

Wenn Jefferson hier das Symptom offenbart, das später in Form einer starken Migräne die Grenze seiner psychosomatischen Leistungsfähigkeit bezeichnete, konfrontiert er sich selbst und uns mit seinem am wenigsten lösbaren psychosozialen Konflikt, in dem sich ein weiteres Identität konstituierendes Element ausdrückt. Der *von einer Idee Besessene,* der hier im Streit mit dem liegt, was er sein ganzes Leben lang geblieben ist – nämlich ein Sklavenhalter – ruft aus: »Selbst wenn es für die Sklaven gut wäre – das Gesetz erlaubt nicht, sie freizulassen, und sie gegen andere Dinge einzutauschen hieße, sie einem Schicksal überliefern, auf das wir keinen Einfluß haben.« Schließlich vermittelt Jefferson uns eine leidenschaftliche Einsicht, die den *Erzieher* so präzise und so bewußt darstellt, daß wir uns noch mehrfach mit ihr beschäftigen müssen. Er schreibt: »Die Sklavenhalterei übt einen unseligen Einfluß auf das Verhalten der Menschen in diesem Lande aus... Unsere Kinder sehen sie und ahmen sie nach, denn der Mensch ist ein nachahmendes Tier... Von der Wiege bis zum Grab lernt er zu tun, was er andere tun sieht. Wenn Eltern schon in ihrer Menschen- oder Selbstliebe keinen Grund finden, ihre unmäßige Heftigkeit gegen die Sklaven zu beherrschen, sollte zumindest die Gegenwart eines Kindes ein solcher Grund sein. Doch im allgemeinen ist das kein ausreichender Grund. Die Eltern wüten, das Kind schaut zu, erfaßt die Mimik des Jähzorns, übernimmt sie gegenüber jüngeren Sklaven und läßt der schlimmsten Leidenschaft freien Lauf; es erhält also täglich Unterricht in Tyrannei, übt sie jeden Tag, und dadurch werden ihm unvermeidlich häßliche Eigenschaften eingeprägt.«

Die *Notes* enthalten aber auch überschwengliche Äußerungen über die Überlegenheit der weißen Rasse, die ich schamlos nennen würde, wenn Schamröte nicht auch schön wäre. Jefferson stellt die feinen Mischungen von rot und weiß, die »Farbe« in den Gesichtern der weißen Rasse der unveränderlichen dunklen Maske, die die Gesichter der Schwarzen bedecke, gegenüber und spricht bewundernd von der »eleganten Symmetrie« des weißen Gesichts und dem es fließend einrahmenden Haar. Er macht sich das damals verbreitete Vorurteil zu eigen, die Schwarzen hielten die Weißen für besser und hätten lieber mit ihnen Umgang. Wahrscheinlich denkt er hier an weiße Frauen, denn er vergleicht diese angebliche Tendenz der Schwarzen mit der Vorliebe des Orang Utan (den damals viele für ein wild in den Wäldern lebendes menschenähnliches Wesen hielten) für schwarze Frauen. Schließlich zählt Jefferson eine lange Liste von Merkmalen auf, an denen sich die Minderwertigkeit der Schwarzen ablesen lasse, eine Liste, die in der Behauptung gipfelt, Schwarze verfügten nur über unzulängliche Verstandeskräfte – so sei ein Schwarzer z. B. nicht in der Lage, die Euklidische Geometrie zu verstehen –; Kräfte des Herzens werden ihnen immerhin zugestanden. Und: obwohl die Schwarzen »ihre Frauen leidenschaftlich begehren, scheint die Liebe bei ihnen keine feine und zarte Verbindung von Gefühlen und Empfindungen zu sein.«

Dieser kurze Auszug aus den *Notes* kann einen modernen Moralisten durchaus (besonders unter Berufung auf aus dem Zusammenhang gerissene Zitate) zu der Behauptung veranlassen, in der in diesen Bemerkungen zutage tretenden Widersprüchlichkeit offenbarten sich tief verwurzelte persönliche Idiosynkrasien Jeffersons. Aber: der ganze Ton der *Notes* macht es glaubwürdig, daß Jefferson seine Bemerkungen nur »mit allem Vorbehalt gewagt« habe, selbst seine Zweifel habe und hoffe, widerlegt zu werden.

Man muß, meine ich, diesem Mann aus Virginia wohl zugestehen, daß er sich einem der »alten« Probleme der Menschheit »in seiner ganzen quälenden Komplexität« gestellt hat. Denn die Frage, ob und warum Gott die Menschen gleich geschaffen habe, aber zulasse, daß einige durch klimatische und geographische Bedingungen benachteiligt werden, ist eine zugleich theologische, wissenschaftliche und philosophische Frage. Benjamin Rush, Arzt und Freund Jeffersons und einer der Väter der amerikanischen Psychiatrie, hat diese Frage schlicht so gelöst: er diagnostizierte alle Schwarzen als Nachkommen einer in Afrika beheimateten Population, die einst von einer fürchterlichen Lepraepidemie heimgesucht worden war und sich allein durch die Folgen dieser Krankheit von den anderen Menschen unterscheide; denn alle Menschen stammten von dem – natürlich weißen – Paar im Garten Eden ab. Schwarze Farbe verlange also medizinische Untersuchung und Behandlung sowie eine »doppelte Zuteilung von Menschlichkeit«. Wenn Jefferson in jener Zeit vor Rassenmischung warnte und als zögernder Befürworter der Kolonisierung auftrat, dann muß man sich vergegenwärtigen, daß der Terminus *Kolonien* sich damals auf jene Gebiete bezog, aus denen später die amerikanischen Staaten gebildet wurden, die den ehemaligen Sklaven den Status »freier und unabhängiger Menschen« garantierten.

Ich werde später auf die Frage zurückkommen, wie diese und weitere Aspekte der Identität Jeffersons miteinander zusammenhängen. Zunächst müssen wir uns die Verbindung von ideologischer Verdammung, wissenschaftlichem Lächerlichmachen und (in jüngerer Zeit) psychiatrischer Diagnose, die die eben angeführten Äußerungen nach sich gezogen haben, näher ansehen. Nachdem sein Buch erschienen war, fiel Jefferson in den ihm zufolge wohlbekannten Stoßseufzer »Würde doch mein *Feind* ein Buch schreiben« ein, ein Wunsch, den man heute den in den Humanwissenschaften und insbesondere den in der Psychiatrie Arbeitenden gern zugesteht. Denn wer, fragt Jefferson, könnte ein Buch über die großen Fragen der Menschheit schreiben, ohne sich in widersprüchlichen Gefühlen zu verfangen und nur Abscheu verdienenden Überzeugungen nahezukommen – selbst wenn er es durchhalten könnte, auf einer rein spekulativen Ebene zu reden. Die Frage, warum es verschiedene menschliche Rassen gibt, ist bis heute von keiner soliden Theorie beantwortet worden, weder hierzulande noch (wie man annehmen muß) anderswo. Vielleicht können wir der Beantwortung dieser Frage mit Hilfe psychologischer Einsichten näher kommen – mit Hilfe von Einsichten, die die »alten Probleme der Menschheit« in einem sich wandelnden wissenschaftlichen und ideologischen Klima jedermann bewußt machen.

Neue Welt, neue Arten

Ich möchte einen weiteren Begriff einführen, der, wie mir scheint, für das Verständnis des komplizierten Zusammenhangs zwischen dem Verfallensein des Menschen an alte Vorurteile und seiner Suche nach neuen Identitäten wesentlich ist, nämlich den Begriff der *Pseudoartbildung*, der besagt, daß es in der Geschichte der Menschheit immer Gruppen gegeben hat, die sich systematische Illusionen über die gottgegebene Überlegenheit ihrer eigenen Art gemacht haben.

Zuvor aber sollte ich noch versuchen, Ihnen so etwas wie eine Formel für das schwer zu fassende Thema der Identität, mit dem sich diese Vorlesung beschäftigt, an die Hand zu geben. Nun: ein Gefühl der Identität haben heißt, sich mit sich selbst – so wie man wächst und sich entwickelt – eins fühlen; und es heißt ferner, mit dem Gefühl einer Gemeinschaft, die mit ihrer Zukunft wie mit ihrer Geschichte (oder Mythologie) im reinen ist, im Einklang zu sein. Mit Hilfe dieser Formel wollen wir versuchen, die neue Identität zu begreifen, die unsere *founding fathers* (Gründerväter = Staatsmänner aus der Zeit der amerikanischen Unabhängigkeitserklärung und der Entstehung der Union) auf diesem Kontinent geschaffen haben. Sie haben natürlich nicht den Begriff »neue Identität«gebraucht, und es wäre historisch richtiger, statt dessen vom neuen Menschen zu sprechen. Doch was soll man hervorheben? Das Neue am *neuen* Menschen? oder den neuen *Menschen*, der auf eine neue

Menschheit hinweist? Außerdem gibt es heute gute Gründe dafür, das Wort *man* (das *Mensch*, aber auch *Mann* bedeuten kann) immer dann zu vermeiden, wenn der Eindruck entstehen kann, es schließe die Frauen entweder aus oder aber ganz unbedacht ein.

Fragen dieser Art machen auf einige Implikationen des Begriffs der Identität aufmerksam. Da man von einem Psychoanalytiker in der Regel erwartet, daß er über Implizites spricht, und da zumindest einige unter Ihnen von dem hier redenden Analytiker erwarten werden, daß er über Identität spricht, sind wir offenbar dort, wo wir hingehören. Der Begriff der Identität umfaßt einige höchst komplexe und dunkle Themen, um die wir uns indes nicht herumdrücken sollten – und damit kommen wir zur Pseudoartbildung zurück. *Pseudo* meint hier, daß Stämme und Nationen, bestimmte Glaubensgemeinschaften und Klassen (und politische Parteien) sich für die auserwählte Art halten und diesem Anspruch besonders in Krisenzeiten ein Großteil ihres Wissens, ihrer Logik und ihrer Ethik zum Opfer bringen, statt eine Identität der Menschen zu erkennen oder anzuerkennen, die in der Zugehörigkeit aller Menschen zu einer Art gründet.

Als ich den Terminus *Pseudoartbildung* im Hauptquartier des Darwinismus, nämlich in der Royal Society in London, vorschlug, hatte ich noch keine Ahnung davon, in welchem Maße die durch diesen Terminus bezeichnete Tendenz in vor-darwinistischen Zeiten und gerade auch zur Zeit Jeffersons manifest und bewußt gewesen war.

Der große Naturforscher Linné hatte die Spezies Mensch in zwei Gruppen eingeteilt: in *homo diurnus* – das sind wir alle – und in *homo nocturnus* – das sind Wesen wie der Orang Utan. Wenn Jefferson von der Vorliebe dieses Wesens für schwarze Frauen sprach, hatte er also durchaus eine Art von Mensch im Sinn. Der *homo diurnus* gliederte sich weiter in einen europäischen, einen asiatischen und einen afrikanischen Zweig, ein Sachverhalt, der dadurch, daß Europäer das Land der amerikanischen Ureinwohner besiedelten und Afrikaner in dieses Land brachten, recht verwickelt wurde. Zu Jeffersons Zeiten herrschte daher ein »wissenschaftlicher« Streit darüber, welcher dieser Zweige den höchsten Wuchs und den stärksten Geist aufwies und – neben all den mit hohem Wuchs und Geisteskraft verknüpften Qualitäten – durch die beste Erbmasse samt der dazugehörigen Zeugungskraft ausgezeichnet war.

Bei diesem wissenschaftlichen Streit kamen die Ureinwohner und die Besiedler Amerikas gleichermaßen schlecht weg. Alle Geschöpfe, so behauptete insbesondere der große französische Naturforscher Buffon, würden auf dem amerikanischen Kontinent kleiner, verlören an Zahl und Zeugungskraft. »Die Natur«, so Buffon, »hat dem amerikanischen Ureinwohner die Kraft der Liebe versagt, ihn also schlechter behandelt und tiefer erniedrigt als ein Tier.« Dem hielt Jefferson entgegen, daß das Mammut, das größte Lebewesen, daß es je gegeben habe, in Amerika gelebt habe, und er bewies dies mit Fossilien, die mit großem Aufwand gesammelt und per Schiff nach Frankreich gebracht wurden. Unter Hinweis auf noch andere Beobachtungen stellte er fest, daß das Urteil des großen Mannes aus Frankreich in diesem Falle »durch eine glühende Feder irregeleitet« worden sei. Genau dies ist unsere Frage: welche Art von Leidenschaft bringt die Feder eines im allgemeinen kühlen Beobachters zum Glühen? Ein Abbé de Raynal ging noch weiter als Buffon; er wandte dessen Theorie auf die neu nach Amerika Eingewanderten an, die er vor unvermeidlicher Degeneration warnte und denen er bei der Güte seines Herzens riet, sie sollten lernen, »sich mit ihrer Mittelmäßigkeit glücklich zu fühlen, niemals geniale Leistungen von sich zu erwarten und niemals enttäuscht zu sein«.

All dies mußte sich ausgerechnet jene Nation anhören, die dabei war, durch entschlossenes Handeln nicht nur ihre Unabhängigkeit zu erringen, sondern auch ihr Glück zu »machen«. Benjamin Rush (der führende amerikanische Mediziner jener Zeit und außerdem Politiker) führte einen – wie wir heute sagen würden – moralischen Faktor in die Diskussion ein: durch die kräftigende Wirkung der Freiheit werde das »animalische Leben« (damit meinte er so etwas wie Lebenskraft oder psychosomatische Vitalität) vervollkommnet; und er forderte die Franzosen auf, die in England und Amerika lebenden Menschen mit den Türken zu vergleichen, die unter der Despotie des Ottomanischen Reiches lebten. Rushs »Gesellschaftstheorie« ließ sich allerdings nicht mit der damals herrschenden Ansicht vereinbaren, daß die Freiheitsliebe bestimmter Menschengruppen nicht auf erworbenen, sondern auf angeborenen Unterschieden beruhe. So hielt Jefferson zum Beispiel auch konservative Einstellungen für etwas Angeborenes. Toleranz empfehlend stellte er fest, daß selbst in Amerika der Kranke, Schwache und Furchtsame das Volk fürchte und von Natur aus ein *Tory* sei, während der Gesunde, Starke und Kühne das Volk liebe und von Natur aus ein *Whig* sei. Doch Rush hielt unbeirrt daran fest, daß unter den neuen

Bedingungen der Freiheit viele Kinder von Tory-Eltern sich zu Whigs entwickeln würden; das gälte auch, wie er geheimnisvoll hinzufügte, für die Juden auf der ganzen Welt.

Benjamin Franklin wußte, wie die Streitfrage zu klären sei. Als er mit Jefferson in Paris war, gab er eine Gesellschaft für eine gleich große Zahl von Amerikanern und Franzosen, bei der die Amerikaner auf der einen und die Franzosen auf der anderen Seite des Tisches saßen. Unter den Franzosen war auch der Abbé de Raynal. Als Franklin einen Toast ausbrachte, bat er beide Seiten, sich zu erheben. »Wir wollen sehen, auf welcher Seite die Natur degeneriert ist.« Nicht zufällig waren seine amerikanischen Gäste besonders wohlgestaltet und von großer Statur, während die auf der anderen Seite des Tisches sitzenden Franzosen bemerkenswert klein waren, und der Abbé de Raynal war, wie Jefferson berichtete, ein »kleiner Wicht«. Für den Gastgeber Franklin spricht indes, daß er selbst wahrscheinlich zu den kleineren der Amerikaner gehörte.

Durch Darwins Erklärung des Ursprungs der Arten, einschließlich der des Menschen, wurde die ganze Frage der Pseudoartbildung, die sich hier in einem so krassen chauvinistischen Naturalismus ausdrückt, tiefer in das Unbewußte gedrängt. Auf die psychischen Ursachen des Bedürfnisses, einen Kosmozentrismus zu behaupten, werde ich später zurückkommen. Kosmozentrismus heißt, daß die Menschen sich für eine einmalige Schöpfung halten (Darwin beachtete diesen Punkt), daß sie glauben, sie lebten im Mittelpunkt des Universums (ein Glaube, den Kopernikus widerlegt hat), und überzeugt sind, ihr Volk sei das auserwählte und sie allein seien sich ihrer Absichten und Ziele bewußt – das heißt, die Menschen sind sowohl ethno- als auch egozentrisch. Doch gerade weil wir heute wissen, woher wir kommen, glauben wir in unserem tiefsten Innern – und auf diesen Punkt werde ich zurückkommen – kein Wort der Theorien über unsere Abstammung. Tatsächlich kam nach Darwin ja das Zeitalter der Massenkriege, die nicht nur die Überlegenheit einer Pseudoart über eine andere beweisen sollten, sondern auch ihr Recht, die andere mit Hilfe der am weitesten entwickelten technischen Mittel auszurotten. Und, wie wir heute gleichzeitig wissen und leugnen: keine Nation, die über Superwaffen verfügt und eine Superidentität zu verlieren hat, ist der Versuchung enthoben, (durch gelegentliche Massaker oder geplante Bombardements) eine in ihren Augen überflüssige Art auszurotten. Um so mehr Grund für uns heute, da wir zu einer Art geworden sind, die sich selbst in Todesgefahr bringt, die Idee der Pseudoartbildung genauer zu untersuchen, um einige Einsicht in unseren sehr starken Widerstand gegen Einsichten zu gewinnen, die unsere geheime Überzeugung, wir stünden im Mittelpunkt des Universums, gefährden.

Wie in vielen anderen Fällen hängt indes auch hier das schlechteste in uns mit dem besten zusammen, mit höchst atavistischen Tendenzen geht die Suche nach einer allgemeineren Identität der Menschheit einher. Und wenn wir im zur Zeit Jeffersons herrschenden Weltbild auch einen, wie wir heute sagen würden, rationalisierten Rassismus und in Jeffersons Schriften einen sowohl praktischen als auch intellektuellen Rassismus finden, sind schmerzliche Einsichten in unsere gemeinsame Korrumpierbarkeit wichtiger, als das leicht zu habende Gefühl moralischer Überlegenheit über unsere toten Heroen. Der Prozeß der Pseudoartbildung, der die Grenzen zwischen Realität und Illusion verwischt hat und Menschen einander gegenübergestellt hat, die glaubten, mit ihrem Leben für ihre Art einstehen zu müssen, hat gleichzeitig allgemeinere Zivilisationen hervorgebracht und damit auch jene Kommunikationsnetze geschaffen, die für die Entwicklung eines umfassenderen menschlichen Bewußtseins notwendig sind.

Im Lichte all der erwähnten Aspekte wird die strahlende Neuheit der sich gegen den Hintergrund des Unglaubens der elterlichen Alten Welt abhebenden amerikanischen Identität deutlich. Der Glaube an das Neue, der auch die Kraft zur Erneuerung des Neuen einschließt, ist bis auf den heutigen Tag in uns allen lebendig geblieben, obwohl wir nur zu genau wissen, daß der revolutionäre *homo novus* (z. B. der »natürliche Aristokrat«, der zur Zeit Jeffersons an die Stelle des »Pseudo-Aristokraten« des alten Systems trat) schließlich Rollen und Haltungen annimmt, die mit seinen ursprünglichen Absichten nicht mehr viel zu tun haben. Gleichwohl ist jene Revolution, jenes Auftauchen einer neuen und umfassenderen Identität immer noch von Bedeutung für uns, und zwar nicht nur deshalb, weil es immer Jahrestage gibt, die solche Anfänge uns ins Gedächtnis zurückrufen. Ein Großteil der übrigen Welt betrachtet Amerika immer noch als ein – wie auch immer beflecktes – historisches Wunder, wenn man auch über unsere Ungeschliffenheit herzieht, über unsere puristischen Forderungen lächelt und unsere Exzesse im Gebrauch mechanischer Kräfte verabscheut.

Wenn ich jetzt versuche, so etwas wie die Anatomie einer neuen Identität zu skizzieren und sie mit allgemeinen psychischen Bedürfnissen in Zusammenhang zu bringen, muß ich von der Freiheit Gebrauch machen, die mir diese Vorlesung gibt, und auf einige Wurzeln dieser neuen Identität im Denken Jeffersons aufmerksam machen. Dabei muß ich vernachlässigen, wie die bei Entstehung der Nation herrschenden Sehnsüchte und Ideen durch die Trennung der Nation in einen Norden und einen Süden, durch Aufteilung in agrarische und merkantile, konservative und populistische Einflußsphären immer stärker kontrapunktiert wurden; ebensowenig kann ich über jene von John Adams so bezeichnete »lange Reihe berühmter Männer« sprechen, die sich alle durch unverwechselbare Persönlichkeit und einzigartigen Stil auszeichneten.

Heute ist es modern, seine eigene Identität zu erfinden. Man scheint anzunehmen, eine neue Identität ließe sich sozusagen aus dem Boden stampfen. Indes: jede wahre Identität ist in drei Aspekten der Realität verankert. Eine neue Identität bezieht sich auf eine neue *Faktualität*, auf ein neues *Realitätsbewußtsein* und auf eine neue *Aktualität*. Mit *Faktualität* ist das Universum der Tatsachen, Daten und Techniken gemeint, das sich mit den jeweils entwickelten Beobachtungsmethoden und Arbeitstechniken erfassen läßt; mit *Realitätsbewußtsein* die historisch jeweils neue Art, die gegebenen Tatsachen, Zahlen und Techniken in einem Bewußtsein zu vereinigen, das visionäre Elemente enthält und zugleich dem Menschen die Kraft zur Lösung höchst konkreter Aufgaben gibt; mit *Aktualität* eine neue *Wirklichkeit*, eine historisch neue Weise, sich aufeinander zu beziehen, sich im Dienste gemeinsamer Ziele gegenseitig zu aktivieren und zu stützen. Vielleicht sollte man noch eine vierte Bedingung hinzufügen, nämlich Glück oder Gnade, das, was im pragmatischen Amerika Chance heißt. Ist die Chance gegeben, so verbinden sich die drei erwähnten Aspekte zu jenem Bewußtsein selbstevidenter Wahrheit, das Jefferson in so einmaliger Weise in Worte fassen konnte.

Die bedeutsamste neue Tatsache war natürlich das riesige Territorium des neuen Kontinents, eine unberührte Wildnis mit ungeahnten Ressourcen, die nur auf Nutzung warteten. »In Europa«, so Jefferson, »ist Arbeit im Überfluß vorhanden, und es kommt darauf an, möglichst viel aus dem Land herauszuholen; hier ist Land im Überfluß vorhanden, und es kommt darauf an, möglichst viel aus der Arbeit herauszuholen«. Wenn eine neue Identität auch ein neues Realitätsbewußtsein voraussetzt, so verlangt dieses seinerseits nicht nur Freiheit für eine gemeinsame Zukunft, sondern auch eine Befreiung von in der Vergangenheit eingegangenen Verpflichtungen, die als Hypothek auf der Gegenwart lasten könnten. Die revolutionären Führer mußten dem Volk klarmachen, daß sie ein Recht hatten, die aus ihrer Kindheit herrührenden Loyalitäten gegenüber ihren Heimat- und Vaterländern aufzugeben. Wie Sie vielleicht wissen, hat man damals leidenschaftlich in dieser Weise geredet. Die Einwanderer waren gekommen, »um die Möglichkeiten der Schöpfung auf diesem Kontinent zu verwirklichen«. Und dieses Vorhaben verlangte nach einer neuen Beziehung zum Göttlichen. Rush bezeichnete Franklin als »jenen Mann, dessen Geist wie ein Spiegel Miniaturbilder seiner Werke zur Gottheit zurückwirft«. Und Jefferson sagte von David Rittenhouse, der ein Modell des Universums gebaut hatte: »Zwar hat er nicht die Welt geschaffen, doch ist er durch Nachahmung ihrem Schöpfer nähergekommen als jeder andere Mensch, der seit Erschaffung der Welt gelebt hat.« In dieser Weise wird natürlich auch heute noch geredet, so zum Beispiel, wenn der Präsident dieses Landes mit den ersten auf dem Mond gelandeten Amerikanern spricht und ihnen sagt, ihre Leistung sei die größte seit der Erschaffung der Welt…

Und wie wurde der Schöpfer selbst gesehen? Er wurde als der »Maker« oder der »Fabricator« bezeichnet; Jefferson nannte ihn auch den »Bewahrer« und den »Lenker«. In der Vorstellung der Amerikaner wurde Gott selbst neu geschaffen. Gott sei, wie Jefferson seinen Freunden versicherte, alles andere als ein Stümper; er habe die Welt in einer Woche geschaffen und »wenn schon die Hand eines Schöpfers gebraucht wird, läßt sie sich wohl in jeder Phase des Prozesses herbeirufen« (versuchen Sie einmal, eine herrischere Formulierung zu finden). Man fragt sich, wer hier herbeiruft. Gottes Schöpfung wird hier im Lichte der historischen Vision seines Geschöpfes gesehen. Das Universum erschien jetzt als weniger einsam. In den Worten von Thomas Paine: »Die einsame Idee einer einsam durch den unendlichen Ozean des Raumes rollenden Welt weicht der heiteren Idee einer Gesellschaft von Welten, die so glücklich eingerichtet ist, daß sie schon durch ihre bloße Bewegung dem Menschen Anleitung gibt.«

Da wir vom Maker (vom Schöpfer) sprechen – seit ich in Amerika lebe, faszinieren mich die vielfältigen Verwendungsweisen des Wortes »make«. Ich bin mit achthundert Wörtern basic english in dieses Land gekommen, und seit ich, nachdem ich hier zu arbeiten begonnen hatte, zum ersten Mal hörte: »you have got it made« (du hast es geschafft), bin ich dem Schicksal dieses Wortes im basic american nachgegangen. Jefferson hoffte, daß sich eine amerikanische Sprache entwickelte, »die sich nicht nur dem Namen nach von der Muttersprache unterscheide, sondern auch einen neuen Charakter und neue Potenzen habe.« Wie dem auch sei, versuchen Sie einmal, sich die vielfältigen Bedeutungen des Wortes »make« in den zahlreichen Ausdrücken, in denen es vorkommt, klarzumachen – in Ausdrücken wie »to be on the make« (auf Profit aus sein), »making it« (es schaffen) oder »to make out together« (miteinander auskommen). Alle diese Ausdrücke sind doppeldeutig. »Glücklich eingerichtet«, hatte Paine gesagt. Auch das Wort »Fabricator« ist mehrdeutig, was im Ideal des neuen *Menschen*, der alsbald zum *neuen* Menschen wurde, der sich mit neuen Idealen und neuen Tatsachen arrangiert, ganz deutlich wird. Doch haben die *founding fathers* glücklicherweise dafür gesorgt, daß diese Welt neuer Tatsachen und dieses neue Konzept der Realität durch die Teilhabe aller Bürger am Leben der Gemeinschaft und die Funktionen der Gemeinschaften in der Föderation auch zu einer neuen Aktualität im oben definierten Sinne führte.

Das raum-zeitliche Bild, das ich skizziert habe, bedarf der Verdeutlichung. *Hinten*, in der *Vergangenheit*, lagen eine vergebene Schuld, ein überwundenes Schicksal und eine bestätigte Wahl. Hier war die Bibel verpflichtend: sie legte eine Identifizierung mit den Israeliten nahe, die Gott durch ein anderes Meer hindurch ins gelobte Land geführt hatte. *Vorn*, in der *Zukunft* wartete eine Chance auf den gerade befreiten Menschen. Von *oben* kam eine Gewißheit verbürgende Bestätigung, die die aus dem Volk hervorgehenden *founding fathers* ins rechte Licht stellte. Allerdings: um sich selbst zu definieren, braucht die neue Identität auch einige, die *unten* sind, die an ihrem Platz bleiben, eingesperrt oder sogar beseitigt werden müssen. Um einem neuen Selbst gemäß zu leben, braucht der Mensch etwas schlechthin Anderes, das am unteren Ende der sozialen Skala jene *negative Identität* repräsentiert, die jeder Mensch und jede Gruppe als Inbegriff all dessen in sich tragen, was sie nicht sein dürfen. In einer Do-it-yourself-Identität ist ein solches Anderes durch die (scheinbar gottgegebene) Unfähigkeit charakterisiert, sich *selbst* zu helfen – oder muß man sagen: sich selbst zu *helfen*? Wir kennen die Sklaven, die dazu verdammt sind, anderen zu helfen; die Kranken und Verrückten, die nichts ändern können; und schließlich die Bösen, die etwas ändern könnten, aber es nicht wollen.

Wenn der Mittelpunkt dieser Welt, wie es den Anschein hat, tatsächlich vom Ideal des Selfmademans, der sich aus eigener Kraft geschaffen hat, gebildet wird – wo ist dann der Ort der Frau? Nun, die Frau steht dem Mann als Gehilfin zur Seite. Es bedarf einer rücksichtslos offenen Geschichtsschreibung, um zu erkennen, an welchen Stellen im Geflecht der Funktionsteilungen die Frau mit über dem Manne stehenden Kräften in Verbindung steht (z. B. in der Funktion der Frau als mütterliches Ideal oder Hüterin der guten Sitten), wo sie unter dem Manne steht (im häuslichen und sexuellen Bereich) und wo sie zu denen gehört, die gar keine Rechte haben (weder im Staat noch in der Kirche).

Damit genug dieser phänomenologischen und stark vereinfachten Darstellung. Im zweiten Teil der Vorlesung werden bei der Diskussion der Frage, warum die Menschen auf Bilder der skizzierten Art angewiesen sind, die dynamischen Aspekte der neuen Identität zur Sprache kommen. Doch zuvor sollten wir noch auf ein anderes Buch Jeffersons kurz eingehen.

Der Ausblick vom Berg

Die *Notes on the State of Virginia*, die den Blick von Monticello festhalten, sind, wie wir gesagt haben, geschrieben worden, als Jeffersons Werdegang an seinem tiefsten Punkt angelangt war, als das politische Überleben sowohl des Kontinents und des Staates Virginia als auch das des Autors selbst auf dem Spiele standen. Ich habe auf einige Elemente der Identität Jeffersons, die in jenem Buch sichtbar werden, aufmerksam gemacht. Später wollen wir diese Elemente noch einmal zusammenfassen. Doch zunächst wollen wir uns Jeffersons Betrachtungen der Taten und Worte Jesu zuwenden – einer Betrachtung ganz anderer Art, die Jefferson in der zweiten Hälfte seines Lebens anstellte, und zwar zu der Zeit, als er auf dem Höhepunkt seiner Karriere als Staatsmann stand. Wegen der überragenden Bedeutung der Bergpredigt in dieser Betrachtung bezeichne ich sie als den *Ausblick vom Berg*.

Im Jahre 1801 war Jefferson durch ein überwältigendes Mandat des Volkes Präsident geworden. Auch er war schon Verleumdungen ausgesetzt, wie sie für Wahlkämpfe in Amerika typisch werden sollten, und die nur einen Menschen tief verletzen konnten, der einerseits um sein Bild in der Öffentlichkeit ängstlich besorgt war, andererseits aber auch sofort bereit war, allen Ehrgeiz aufzugeben und sich auf Monticello zurückzuziehen. Die Angriffe gegen ihn trafen die empfindlichsten Punkte im Leben eines Menschen, über die Jefferson niemals öffentlich sprach: seine Persönlichkeit, sein Privatleben und seine Religion. Wie er selbst einmal sagte: »Ich schreibe nicht nur nichts über Religion, sondern gestatte mir auch nur selten, darüber zu sprechen; und wenn ich es doch tue, dann nur in vernünftiger Gesellschaft.« Im Verlauf der Wahlkampagne zu seiner ersten Präsidentschaft mußte Jefferson sich stillschweigend die bösartigsten Anspielungen auf die katastrophalen Folgen, die eine atheistische Regierung für das ganze Land haben würde, gefallen lassen. Tatsächlich hat Jefferson sein Christsein niemals öffentlich zur Schau gestellt, und lärmenden Streitigkeiten zwischen Sekten und klerikalen Machtkämpfen ist er stets aus dem Weg gegangen: »Ich bin entschieden gegen die Verfälschungen des Christentums, nicht aber gegen die wahre Lehre Jesu. Christ bin ich in dem Sinne, den Jesus deutlich gemacht hat: seiner Lehre aufrichtigen Herzens folgen; ihm jede *menschliche* Vortrefflichkeit zuschreiben; und glauben, daß er niemals eine andere in Anspruch genommen hat.«

Eine derart wohldefinierte Position konnte er indes nur einnehmen, weil er die Heilige Schrift gründlich studiert hatte – (wiederum) mit einer Sorgfalt, die von jenem Gefühl der Auserwähltheit durchdrungen war, das seinen Kampf um menschliche Integrität unter den historischen Bedingungen seiner Zeit kennzeichnete. Wir müssen uns einen amerikanischen Präsidenten vorstellen, der in den ersten Jahren des 19. Jahrhunderts viele Abende mit der Lektüre des Neuen Testamentes verbrachte, den lateinischen und griechischen Text sowie die französische und englische Übersetzung miteinander verglich und sich bei jeder Zeile fragte, ob die Stimme Jesu zu ihm spreche oder nicht. Die »authentischen« Teile löste er aus dem Text heraus und stellte sie zu einem Büchlein mit dem folgenden Titel zusammen: »*Die Philosophie des Jesus von Nazareth*, ausgewählt aus den Darstellungen seines Lebens und seiner Lehre von Matthäus, Markus, Lukas und Johannes. Ein Auszug aus dem Neuen Testament für den Gebrauch der Indianer, der keine Tatsachen- oder Glaubensfragen enthält, die über ihr Verständnis hinausgehen.« Wie immer dieser Untertitel aufgefaßt worden sein mag – er läßt die Absicht des Autors erkennen, so etwas wie ein eigenes, ein amerikanisches Evangelium vorzulegen.

Diese, wie die Historiker festgestellt haben, in den Jahren 1804-1805 vollendete Sammlung haben nur wenige enge Vertraute zu Gesicht bekommen, ehe sie verschwand. Sie ist erst kürzlich rekonstruiert worden, und es heißt, sie sei persönlicher und aufschlußreicher als eine andere, nach 1820 vollendete Sammlung mit dem Titel »Das Leben und die Moral des Jesus von Nazareth«, die der Öffentlichkeit allerdings erst zugänglich wurde, als sie 1895 in das National Museum gelangte. Für unsere Interessen können und müssen wir uns auf diese zweite Sammlung stützen.

Aus Jeffersons Sammlung geht hervor, daß er, ein amerikanischer Präsident, ein Bewußtsein davon hatte, daß ein Pol jeglicher Identität – in jeder historischen Epoche – den Menschen in Beziehung zu dem setzt, was immer gegenwärtig ist, nämlich zur Ewigkeit. Und da dieser Pol der Identität mit dem Bewußtsein des Todes zu tun hat, ist es uns möglich, ihn zu skizzieren, wenn auch nur in groben Zügen. Wir alle ahnen dunkel, daß unsere vergängliche historische Identität die einzige Chance bietet, angesichts der Ewigkeit in einem Hier und Jetzt zu leben. Daher fürchten wir die Möglichkeit, am Ende

könnte sich herausstellen, daß wir das falsche Leben gelebt haben oder überhaupt nicht wirklich gelebt haben –
eine Möglichkeit, derer wir uns vor allem in sehr jungen
Jahren und im hohen Alter bewußt sind. Diese Furcht
scheint unvergleichlich viel größer zu sein als die Furcht
vor dem Tod nach einem erfüllten Leben – erschreckend
ist das plötzliche Ende des Lebens immer. Aus diesem
Grunde müssen menschliche Gemeinschaften, in einem
begrenzten Gebiet lebende Stämme ebenso wie große
Reiche, die die Territorien und Loyalitäten einer Vielzahl von Völkern umspannen, versuchen, jenes Gefühl
der Identität zu stärken, das im Rahmen einer Weltanschauung, die realer ist als die Gewißheit des Todes, dem
Leben einen Sinn gibt. Paradox gesagt, müssen alle Mitglieder einer Gemeinschaft, um an dem vergänglichen
Gefühl, unzerstörbar zu sein, teilhaben zu können, ein
rituelles Gesetz von Sterblichkeit und Unsterblichkeit
anerkennen, das (gleichgültig, ob es eine Wiedergeburt
auf der Erde oder im Himmel verspricht) sowohl das Pri-
vileg und die Pflicht einschließt, wenn es sein muß, einen
heroischen oder zumindest einen gemeinsam erlittenen
Tod zu sterben, als auch die Bereitschaft fordert, die »auf
der anderen Seite«, die eine andere Weltanschauung haben (und für sie leben, töten und sterben) zu töten oder
zu töten helfen. Der Grundsatz dieser Unsterblichkeit
heißt: »Töte und überlebe.«
Männer, die einer solchen Weltanschauung gemäß leben, nennen wir große Männer, und wir verleihen ihnen
eine bestimmte Art von Unsterblichkeit: zwar müssen
auch sie sterben, wie wir alle es müssen, doch ihre in Metall gegossenen Bilder, die auf den Plätzen unserer Städte
aufgestellten Denkmäler, scheinen zu überleben.

Die zweite Möglichkeit, Unsterblichkeit zu erlangen, besteht darin, sich durch bewußte Annahme der Endlichkeit der Erlösung im Jenseits zu versichern. Dieser Versuch setzt auf die Nichtigkeit dieser Welt. Das Wesentliche ist »nicht von dieser Welt«, und statt eines Kampfes um weltliche Güter (einschließlich derjenigen, die die irdische Identität sichern) sucht man durch Selbstverleugnung Brüderlichkeit unter den Menschen zu erreichen. Dieser Versuch verklärt den Tod oder zumindest die Selbstverleugnung als einen Schritt auf dem Wege zu einem wirklicheren und ewigen Leben. Er stellt das Selbstopfer über das Töten, und er sieht die Männer und Frauen, die diese Art von Existenz überzeugend leben, nicht als groß und unsterblich an, sondern als heilig und eines ewigen Lebens teilhaftig. Diese Art der Identität wird von den großen religiösen Führern personifiziert, die ihren eigenen Worten zufolge die nackte Größe des Ich repräsentieren, das im Namen dessen, der von sich sagt, ich bin, der ich bin, alle irdische Identität übersteigt. Der Grundsatz dieser Weltanschauung lautet: »Stirb und werde.«

Die Geschichte zeigt, daß diese beiden Formen einer unsterblichen Identität ihren ausgeprägtesten Ausdruck in Gemeinschaften finden, in denen es eine geistliche und eine weltliche Macht gibt – gleichgültig ob diese beiden Mächte in unversöhnlichem Gegensatz zueinander stehen oder durch politische Abkommen zwischen den geistlichen und weltlichen Herren Versöhnung und Einverständnis anstreben. Zuweilen wird versucht, durch heilige Kriege die Erlösung der Rechtgläubigen und die Verdammung der anderen zu beschleunigen. Solche Gemeinschaften pflegen durch Reformationen und Revolutionen (solange durch diese noch keine neuen Gemeinschaften entstanden sind) erschüttert zu werden und zum ideologischen Bekenntnis zur einen oder zur anderen Wahrheit gezwungen zu werden. Der entscheidende Punkt dieser groben Skizze ist die Annahme, daß in allen Menschen die Bereitschaft für beide Extreme vorhanden ist: für eine raum-zeitlich definierte Identität ebenso wie für eine ganz durch ein Jenseits bestimmte Identität. In der biblischen Trennung der menschlichen Pflichten – man soll dem Kaiser geben, was des Kaisers ist, und Gott geben, was Gottes ist – steckt die grundlegende Einsicht, daß ohne die physische Existenz in einem irdischen Reich kein definiertes Selbst möglich ist, auf das ein ins Jenseits strebende Ich angewiesen ist, und auch keine gesellschaftliche Ordnung, die ein religiöses Reich trägt oder ergänzt. Wie es scheint, hat gerade das Zusammenspiel zwischen weltlichen Reichen und Weltreligionen in der bisherigen Geschichte in Richtung auf eine allen Menschen gemeinsame Identität gewirkt.

Wo es dem Staat gelingt, den Grundsatz »töte und überlebe« so zwingend zu machen, daß die »stirb und werde« sagende Stimme zum Verstummen gebracht wird, muß der religiöse Mensch in Gegensatz zum Staat treten und, wie es einige unserer Freunde getan haben, sein Leben aufs Spiel setzen. Mit den mir verfügbaren Mitteln habe ich Mahatma Gandhis Versuch, auf gewaltlosem Wege sowohl nationale als auch geistige Freiheit zu gewinnen, als den in unserer Gegenwart zweckmäßigsten Weg zu einer Vereinigung von Handeln und Glauben in einer allen Menschen gemeinsamen und ihrer selbst bewußten Identität dargestellt – ein Versuch, der bezeichnenderweise von der anderen Seite der Erdkugel ausgegangen ist. »Gott«, hat Gandhi gesagt, »erscheint dir nur im Handeln«. Das könnte auch Jefferson gesagt haben. Und wenn für Gandhi die gewaltlose Aktion das Entscheidende war, so meine ich – »Frieden ist meine Leidenschaft« –, auch in Jeffersons Politik lassen sich starke Tendenzen zu gewaltlosen Lösungen erkennen. Wie auch immer, es zeugt von Jeffersons klassischem Sinn für Gleichgewicht, daß er, der Erbauer der Nation, versucht hat, die postrevolutionäre und die vorherrschende religiöse Identität in Übereinstimmung zu bringen – um einer neuen Aktualität willen, einer neuen Wirklichkeit mit unendlichen Möglichkeiten.

Dieser umfassende – durch einen tiefen Konflikt zwischen politischem Triumph und dem Verlangen nach Ungestörtheit gekennzeichnete – Kontext gibt Jeffersons Bemühungen als Bibelforscher ihre spezifische Bedeutung, mögen religiöse Fanatiker sie auch eher als einen pragmatischen Kompromiß mit einem ökonomischen Ideal denn als existentielles Engagement betrachten. »Ach, dieser Jeffersonsche Glaube: Christentum ohne Sünde!«, rief ein Freund aus, ein großer Prediger und Aktivist, als er mich beim Studium dieser Frage sah. Ein politischer Zyniker mag den Verdacht hegen, daß Jefferson, wenn er gerade in einer Zeit heftiger politischer Auseinandersetzungen die Bibel studierte, sich mit dem Jesus identifiziert hat, der die Händler aus dem Tempel trieb, wobei Jeffersons Händler Alexander Hamilton und seine Anhänger waren. Doch sehen wir genauer zu.

In zwei Briefen schrieb Jefferson: »Ich habe ein Büchlein zusammengestellt, dem ich den Titel *Die Philosophie des Jesus von Nazareth* gegeben habe. Es enthält die Kernstücke seiner Lehre, die ich aus dem Neuen Testament ausgewählt und unter bestimmten zeitlichen oder thematischen Gesichtspunkten neu angeordnet habe.« Und: »Das Ergebnis ist ein Bändchen von 46 Seiten reiner und unverfälschter Lehren, wie sie von den *ungebildeten* Aposteln, den apostolischen Vätern und den Christen des ersten Jahrhunderts bekannt und befolgt wurden. Seine Sache zu erkennen... ist genauso leicht, wie Diamanten auf einem Misthaufen zu finden.«

Welche latenten politischen oder persönlichen Motive auch immer in die rekonstruierte frühe Version eingegangen sein mögen, wesentlich für sie ist das Bild, das sich Jefferson von der Person Jesu gemacht hatte – das Bild eines Kindes vom Lande: »Seine Herkunft war dunkel; seine Umwelt armselig; seine Erziehung gleich Null; seine natürliche Begabung groß; sein Lebenswandel korrekt und rein; er war freundlich, wohlwollend, geduldig, bestimmt, selbstlos und von außergewöhnlicher Beredsamkeit.«

Nach Ansicht meiner theologischen Freunde hält Jeffersons spätere Auswahl, die er aus Fassungen des Neuen Testaments in vier Sprachen zusammengestellt hat, durchaus der modernen Bibelforschung stand, die auf ihre Weise in die psychohistorische Arena eingetreten ist, nämlich, indem sie fragt, was die einzelnen Evangelisten an welchem Ort und zu welcher Zeit für welches Publikum geschrieben haben und was sich von ihrer Lebensgeschichte und Persönlichkeit rekonstruieren läßt, ehe wir durch den Nebel ihrer Selbstdarstellung und ihrer propagandistischen Bemühungen hindurch zu erkennen versuchen, wer Jesus gewesen sein mag und was er wirklich gesagt hat. Daß Jefferson gut die Hälfte des Matthäus-Evangeliums ausgewählt hat, ist nicht überraschend, denn Matthäus ist der Evangelist, von dem die Theologen sagen, er sei der »klarste, gelassenste, ordentlichste und klügste«. Aus den anderen Evangelien hat Jefferson kleinere Teile ausgewählt. Der längste zusammenhängende Abschnitt und Kernstück des Ganzen ist die Bergpredigt, die den Charakter alles Übrigen bestimmt. Die Sammlung ist in erster Linie eine Erzählung, die über die Reisen Jesu berichtet und hauptsächlich Tatsachen mitteilt – aber kein einziges Wunder! Doch enthält sie die Gleichnisse, die das Königreich ganz konkret als durch die Landwirtschaft bestimmt erscheinen lassen. Das Königreich im Himmel ist wie »der von einem Hausvater gepflanzte Weinberg« oder »wie ein Senfkorn« oder wie »ein im Acker verborgener Schatz«. Es ist klar, daß sich all dies mit dem von der Landwirtschaft geprägten Geschick der Neuen Welt in Übereinstimmung bringen läßt, einer Welt, in der Transzendenz in erster Linie aus der Arbeit hervorgehen muß und in der daher Wirklichkeit Glaube ist und Glaube Wirklichkeit.

Wenn nun auch ich auswählen darf, worauf ich besonderen Wert lege, so würde ich in diesem Zusammenhang immer die folgende Geschichte erzählen, auch wenn Jefferson sie nicht in sein Evangelium aufgenommen hätte – was er natürlich getan hat:

Und er kam gen Kaparnaum. Und da er daheim war, fragte er sie: Was handeltet ihr miteinander auf dem Wege?

Sie aber schwiegen; denn sie hatten miteinander auf dem Wege gehandelt, welcher der Größte wäre. Und er setzte sich und rief die Zwölf und sprach zu ihnen: So jemand will der Erste sein, der soll der Letzte sein vor allen und aller Knecht.

Und er nahm ein Kindlein und stellte es mitten unter sie und herzte es und sprach zu ihnen:
Wer *ein* solches Kindlein in meinem Namen aufnimmt, der nimmt mich auf; und wer mich aufnimmt, der nimmt mich nicht auf, sondern den, der mich gesandt hat.
(Markus 9: 33-37)

Ein Kind, nicht ein Junge oder ein Mädchen; ein Kind in seiner physischen, emotionalen und kognitiven Ganzheit, das noch nicht durch Geschlechtsrollen definiert und durch ökonomische Rollen noch nicht überdefiniert ist – das jenes kindliche Wesen hat, dessen Wiedergewinnung in der Komplexität des erwachsenen Lebens den Beginn des Königreichs darstellt. Alles übrige ist Geschichte.

Genauso interessant wie das, was Jefferson in seine Auswahl aufgenommen hat, ist natürlich das, was er weggelassen hat. Der Kontext dieser Vorlesung gestattet mir, darauf aufmerksam zu machen, daß es sich bei dem, was Jefferson als »Mist« aussortiert, um den Versuch der Evangelisten handelt, ihre Leser davon zu überzeugen, daß Jesus das Produkt und der Prophet des kohärenten Weltbildes war, das in den Büchern des Alten Testaments prophezeit worden war, daß er also nichts anderes tat, als das jüdische Weltbild mit seinen Schuldsprüchen und Verheißungen und vor allem mit seiner Utopie für das jüdische Volk zu bestätigen, gerade indem er es erneuerte und neu formulierte. Jefferson war offenbar der Meinung, daß durch diesen Versuch der Evangelisten die universelle und revolutionäre Gegenwart Jesu wie auch die von ihm angestrebte Erlösung eher widerlegt als bewiesen wurde. Tatsächlich kann man ja aus vielen Passagen der Evangelien ersehen, daß Jesus Versuche seiner Jünger, ihn in traditionelle, zeremonielle oder professionelle Rollen zu drängen, ebenso abwehrte wie Versuche der Menge, ihn durch persönliche Identität oder durch seine familiäre oder geographische Herkunft zu definieren. Letztlich scheint er geglaubt zu haben, nur die finale Agonie am Kreuze könne seine transzendente Identität beweisen. Die Geschichte von der Auferstehung hat Jefferson nicht in seine Sammlung aufgenommen, doch hat er zweifellos an die universelle Gegenwart Jesu unter den Menschen geglaubt.

Wenn einige Kritiker Jeffersons in seinem Evangelium das Thema der Reue vermissen, so müssen wir daran erinnern, daß die *founding fathers* sich nicht um Dinge bemüht haben, die Thomas Paine als »theologische Erfindungen« bezeichnet hat, als Dinge, die den Menschen dazu verführen, »sich als ein unendlich weit von seinem Schöpfer entfernter Ausgestoßener zu betrachten, der den Sinn für die wahre Religion verloren hat«. Glaube im Handeln verlangte, wie wir gesehen haben, eine innere Einheit des göttlichen Plans und des Plans der Geschichte.

Doch lassen Sie mich sagen, was ich in Jeffersons Auswahl vermisse. Ich vermisse, und, wie ich meine, nicht nur aus einer professionellen Verstimmung heraus, eine Darstellung der heilenden Tätigkeit Jesu. Jesu eigene Zurückhaltung gegenüber seinen Erfolgen in der traditionellen Rolle des Heilenden erklärt ganz gut, warum Jefferson eine Darstellung dieser Rolle wegließ: Hinweise auf die Heilkraft Jesu erschienen ihm offenbar als ein unangemessener Versuch, die Legitimität Jesu durch Hervorhebung seiner Kompetenz als Wunderdoktor zu erweisen. Ohnehin hielt Jefferson mehr von den präventiven Kräften eines aktiven Lebens als von der Heilkunst, einschließlich der radikalen Praktiken seines Freundes Dr. Benjamin Rush.(Jefferson soll einmal gesagt haben, daß er, wenn er zwei Ärzte in Unterhaltung antreffe, in den Himmel blicke, um zu sehen, ob nicht ein Geier herbeifliege.) Weniger oder gar nicht verständlich ist mir, warum Jefferson jenen Bericht weggelassen hat, der für die Geschichte der Vorstellungen über Heilung – die, wie ich noch zeigen werde, sich mit jeder neuen Identität verändern – von höchster Bedeutung ist. Ich denke an die meines Erachtens bedeutsamste der in den Evangelien berichteten Heilungen, an die von Lukas (8:42-48) und von Markus (5:25-34) berichtete Geschichte von der Frau, die nicht nur zwölf Jahre lang Blut verloren hatte, sondern auch ihr ganzes Hab und Gut an Ärzte verloren hatte, die ihr nicht im mindesten geholfen hatten.

Da die [Frau] von Jesu hörte, kam sie im Volk von hintenzu und rührte sein Kleid an.

Denn sie sprach:Wenn ich nur sein Kleid möchte anrühren, so würde ich gesund.

Und alsbald vertrocknete der Brunnen ihres Bluts; und sie fühlte es am Leibe, daß sie von ihrer Plage war gesund geworden.

Und Jesus fühlte alsbald an sich selbst die Kraft, die von ihm ausgegangen war, und wandte sich um zum Volk und sprach: Wer hat meine Kleider angerührt?

Und die Jünger sprachen zu ihm: Du siehst, daß dich das Volk drängt, und sprichst: Wer hat mich angerührt?

Und er sah sich um nach der, die das getan hatte.

Das Weib aber fürchtete sich und zitterte (denn sie

wußte, was an ihr geschehen war), kam und fiel vor ihm nieder und sagte ihm die ganze Wahrheit.

Er sprach aber zu ihr: Meine Tochter, dein Glaube hat dich gesund gemacht; gehe hin mit Frieden und sei gesund von deiner Plage!

Diese Geschichte drückt Dinge aus, die in jedem Zeitalter aufs neue zu einem drängenden Problem werden. So enthält die Geschichte die Annahme, daß bestimmte Quantitäten verloren und wiedergewonnen werden und daß mit diesen Quantitäten die Qualität der Gesundheit zusammenhängt. Jesus selbst bemerkte, daß eine bestimmte Quantität Kraft von ihm auf die kranke Frau übertragen wurde – und zwar geschah dies in dem Augenblick, als sie ihn berührte, und nicht (wie es der uralten Technik entspricht) als seine Hand sie berührte. Trotz des Gedränges, in dem er stand, spürte er ihre Berührung, weil, noch ehe er selbst es recht bemerkte, ihr Glaube einen Teil seiner Kraft magnetisch anzog. Ohne Zweifel war es allein ihr Glaube an seine Sendung, der sie gesund gemacht hatte. Diese Geschichte bietet ein vorzügliches Beispiel für jenes dynamische Element, jene elektrische Kraft, welche die Heilberufe seit je fasziniert hat. Gerade auch zur Zeit Jeffersons, als Rush und Franklin Mesmers Versuche kennenlernten – Versuche, diese Quantität und ihre Übertragung physikalisch zu messen – und auch wieder in unserer Zeit, als Freud annahm, emotionalen Störungen liege eine Verschiebung von Quantitäten von Liebe und Haß zugrunde und für die Heilung solcher Störungen sei daher die Übertragung wesentlich.

Transformationen im Gesamtsinn einer Identität (und zweifellos ist die Polarisierung des griechisch-römischen

Reiches und des Reiches Christi eine derartige Transformation gewesen, die ihre Wirkung schließlich auch auf die in Amerika entstandene neue Identität gehabt hat) bringen neue Einstellungen gegenüber Krankheit und Verrücktheit mit sich, Einstellungen, die durch eine größere Internalisierung der Ursache der Krankheit wie auch der Kur, die sie heilen soll (»Dein Glaube wird dich gesund machen«), charakterisiert sind, also durch ein höheres ethisches Bewußtsein sowohl auf seiten des Heilenden als auch auf seiten dessen, der der Heilung bedarf. Wie in der Gegenwart sich Einsicht mit dem Glauben als therapeutisches Agens verbunden hat – wenn daneben auch das Spekulieren über geheimnisvolle Quantitäten durchaus noch weitergegangen ist –, werden wir im zweiten Teil der Vorlesung noch näher sehen.

Proteischer Präsident

Zum Abschluß des ersten Teils der Vorlesung möchte ich einige der bisher aufgetauchten psychohistorischen Themen in Zusammenhang miteinander bringen. Ich unternehme diesen Versuch unter dem Gesichtspunkt, den ich vor jener imaginären Akademie vertreten würde, die berufen ist, die über Jeffersons Leben und Persönlichkeit verfügbaren Daten zu integrieren.

Früher oder später mußte Jefferson als ein *proteischer* Mensch bezeichnet werden. Nun ist das Wort *proteisch* genauso schwer zu fassen wie die mythische Figur, auf die es verweist; denn Proteus ist eine Figur, die vielerlei Gestalt annehmen kann – was nicht einfach zu begreifen ist. *Proteus* meint einen vielseitigen und universell begabten und kompetenten Menschen, einen Menschen, der in vielerlei Gestalt auftritt, aber gleichwohl in einer wahren Identität ruht. *Proteus* kann freilich auch einen Menschen meinen, der in zahlreichen Masken auftritt, sich chamäleonartig an die jeweilige Situation anpaßt, einen Menschen, dessen Wesen sich letztlich nicht fassen oder bestimmen läßt. Natürlich müssen wir, unserer historischen Einsicht gemäß, jedes der genannten Merkmale eines proteischen Menschen im Zusammenhang mit der neuen Identität sehen, die sich zu seiner Zeit bildet. Als Element eines Selfmademans impliziert eine proteische Persönlichkeit die Fähigkeit, viele Dinge selbst zu tun, und zwar in einer halb bedachten und rebellischen Weise. Jefferson, der jegliche Interpretation seiner Persönlichkeit mit einem glücklichen Ausdruck vorweggenommen zu haben scheint, sprach einmal von seinem frühen Vorsatz, »keinen anderen Charakter als den eines Farmers anzunehmen«, was bedeutet, daß er eine Wahl hatte und sich für einen Charakter entschied, der auf eine spezifische Arbeitsrolle bezogen war. Eine derartige Rolle konnte Jefferson nicht durchhalten, ohne in scharfe Konflikte mit anderen Rollen zu geraten und ohne über eine besondere Begabung zu verfügen. So wußte er – in Erinnerung an den kalten und formellen Empfang, den er Jahre zuvor am Königlichen Hof erlebt hatte – sehr genau, was er deutlich machen wollte, als er den ersten britischen Botschafter und dessen Frau im Weißen Haus in abgetragenen Pantoffeln begrüßte. Das Weiße Haus war die nationale Heimstätte freier Farmer.

Unter den Elementen der individuellen Identität Jeffersons habe ich neben dem des natürlichen Aristokraten einige intellektueller und ästhetischer Art erwähnt, nämlich die des Amateurs und des Geometers, des Erziehers und des Ideologen. Jedes dieser Elemente hätte in einer beruflichen Identität besonders ausgebildet werden können. Statt dessen sind sie alle in eine Vielzahl von Berufsrollen eingegangen: Farmer und Architekt, Staatsmann und Gelehrter. Alle diese Rollen waren indes durch ein leidenschaftliches Engagement (und hier wird Identität mündig) für Angelegenheiten bestimmt, die kompetenter Sachwalter bedurften. Und dieses Engagement erlaubte Jefferson, widersprüchliche Verhaltensweisen miteinander zu verbinden – so zum Beispiel seine grandiose Expansionspolitik als ein Staatsmann, der das Territorium der Vereinigten Staaten während seiner Amtszeit verdoppelte (und es ordnungsgemäß vermessen ließ), mit der Fähigkeit, manchmal auch dem verzweifel-

ten Verlangen, nach Abgeschiedenheit in seinem privaten Bereich.

Obwohl nichts an Jefferson auf eine Verwandtschaft
mit Goethe hindeutet (dessen Sprache war eine der weni-
gen, die ihm wirklich fremd waren), läßt mich meine europäische Erziehung oft an diesen Zeitgenossen Jeffersons denken, der – wie Jefferson – seine Vielseitigkeit in
eine sorgfältig kultivierte Fassade integrierte. So konnte
Jefferson, der Amateur, sich in Fassaden wie die des rö-
mischen Tempels in Nîmes verlieben (»nein, Madame...
es ist nicht das erste Mal..., daß ich mich in ein Haus ver-
liebe«). Vielleicht muß man in der Tradition des klassischen Humanismus aufgewachsen sein, um zu wissen,
daß es keine Verleumdung ist, wenn man sagt, jemand
liebe Fassaden, seine eigene eingeschlossen. Zweifellos
hatte diese klassische Fassade viel mit der griechisch-römischen Haltung zu tun, die von einer anderen neuen
Identität kultiviert wurde, nämlich von der Renaissan-
ce-Identität, die ein so bedeutsames Gegengewicht gegen
das jüdisch-christliche Erbe der Buße darstellte. Ich
würde sogar noch weiter gehen und sagen, daß Jeffersons
riesige Korrespondenz (von seinen eigenen Briefen be-
wahrte er sorgfältig Duplikate auf) nichts anderes war als
sorgsam bedachte und kunstvolle Arbeit an dem historischen Bild, das er von sich zu sehen wünschte, wenn er
selbst auch behauptete, er schriebe nur deshalb so gerne
Briefe, weil diese Tätigkeit »die Wärme und Gegenwart
des Geschehens und des Gefühls« so echt bewahre und
durch sie in vielen Fällen »das einzige vollständige und
wahre Lebensprotokoll« aufgezeichnet werde. Jeffersons Persönlichkeit kam immer dann am besten zur Geltung, wenn er Fassade und Gefühl miteinander verbin-

58

den konnte – was er, wenn es möglich war, mit hoher Kunstfertigkeit tat – und damit andere immer aufs neue mit überzeugenden Verstößen gegen die übliche Form überraschte, mit einer Informalität, die sehr gut zu seiner äußeren Erscheinung von natürlicher Rauheit und – gleichzeitig und gleichwohl – wahrer Eleganz paßte. Wo Geschehen und Gefühl sich nicht mit großer Gewißheit in den Rahmen einpassen ließen, den er verewigen wollte, vernichtete Jefferson sogar seine Korrespondenz, so unter anderem die mit seiner Mutter und mit seiner Frau.

Bei einem derartigen Wechsel zwischen Überschwenglichkeit und Zurückhaltung ist natürlich jeder Versuch, die private Persönlichkeit eines Menschen zu erfassen, gewagt. Doch haben wir keinerlei Recht, Jefferson der bewußten Sabotage unserer, einer ganz anderen Zeit angehörenden, Bemühungen zu bezichtigen. Gleichwohl wollen wir aber nach wie vor wissen, was hinter der Fassade war und was eine derartige Fassade einen Menschen kostet, der ständig einen Gesichtsverlust befürchtete, der sich nur umständlich gegen Angriffe wehren konnte und einsam war. Er trug seinen Kopf stets hoch, aber, wie es scheint, nur um den Preis solcher gelegentlicher Kopfschmerzen wie sie ihn zum Beispiel hoch oben auf der *Natural Bridge* befielen. Sein auffallendstes Symptom war eine Migräne, die ihn manchmal wochenlang unfähig machte, irgend etwas zu tun, und er konnte zu Boden fallen und dort wie leblos in verzweifelter Trauer liegen.

Wenn wir von einer Person sagen, sie sei darauf angewiesen, eine Fassade aufzubauen und aufrechtzuerhalten, müssen wir auch fragen, wer die bedürftigen und dem Fassadenbau entgegenkommenden Zuschauer sind. In diesem Zusammenhang müssen wir an die Denkmäler und Porträts der damaligen Zeit denken, die eine gewisse Wärme des Ausdrucks mit dem Eindruck von Zurückhaltung, Redlichkeit und Weitsicht verbanden, eine Haltung, für die Jeffersons und Washingtons Körpergröße und Profile sich vorzüglich eigneten. Derartige Fassaden erregten Bewunderung, die bis zur Heiligsprechung ging; denn das exaltierte Bild der menschlichen Gestalt läßt uns an dem berühmten aufrechten Gang teilhaben, dessen wir, die vertikale Art auf der Erde, bedürfen, um unseren Kopf oben zu behalten. Freilich erregt eine Fassade auch Unglauben und Argwohn, die von der Annahme, in mancher Hinsicht scheine der Heros auch menschlich (d. h.: wie wir) zu sein, bis zu dem Vergnügen reichen, Risse in der großen Fassade zu finden. All diese Widersprüche werden aber in dem Versuch aufgehoben, in der Fassade eine Wahrheit zu entdecken, die auch uns, die Zuschauer, umfaßt.

Die Analyse der Frage, wie es zur Wahl eines bestimmten öffentlichen Bildes kommt – wenn auch die Person, die dieses Bild selbst gewählt hat, manchmal abwehrend auf es reagieren mag –, wollen wir mit einem genaueren Blick auf die von der historischen Situation ausgehende Aufforderung beginnen. Jeffersons Zeit verlangte ein gewisses Maß an Selbstverherrlichung im Dienste der neuen Vergangenheit, welche die amerikanische Geschichte beinahe unmittelbar erzeugen mußte. Und neben der Verpflichtung, seine besondere Begabung der neuen Regierung zur Verfügung zu stellen – die Würde, mit der Jefferson dies tat, fand ihr erfrischendes Gegenstück in Franklins Humor –, muß auch eine besondere Fähigkeit vorhanden sein, seine Gaben zur Geltung zu bringen.

In seiner Studie über Leonardo gestand Freud ein, daß die künstlerische Begabung als solche sich der Analyse entziehe. Das gilt indes für jede Begabung: für eine Begabung läßt sich keine detaillierte Rechnung aufstellen. Die Ökologie der Größe muß daher über viele der Annahmen hinausgehen, die in der klinischen Arbeit in bezug auf die innere Ökonomie einer Person formuliert werden. Freilich lassen sich diese Annahmen auch auf das symptomatische Verhalten eines Führers anwenden, was entweder bedeutet, daß er unter Anfällen zu leiden hat, die seiner Kontrolle und seinem Verständnis entzogen sind, oder aber, daß seine engste Umgebung der Ansicht ist, er sei nicht ganz bei sich. Wo dies zu impulsiven kriminellen Handlungen führt, die den gewöhnlichen Rahmen des in einem Machtsystem Erwart- oder Tolerierbaren überschreiten, können klinische Begriffe natürlich das Geschehen klären helfen. Eine leichtfertige oder schiefe Verwendung psychiatrischer Begriffe allerdings macht den Beobachter für die historischen Fragen, um die es geht, blind.

So muß man zum Beispiel in bezug auf die erwähnte Liebe zu Fassaden festhalten, daß sie ohne ein hohes Maß jener Liebe zu seinem eigenen Bild, das wir mit einem technischen Terminus als *Narzißmus* bezeichnen, nicht möglich wäre. Narziß war derjenige, der sich so stark in sein eigenes Spiegelbild, das er im Wasser entdeckt hatte, verliebte – ein Bild, daß ihn an seine tote Zwillingsschwester erinnerte –, daß er unfähig war, sich von ihm zu lösen, und am Ufer des Flusses dahinwelkte. Die eigentliche – und potentialiter zerstörerische – Gefahr des Narzißmus ist also eine Tendenz in der Adoleszenz und den ihr folgenden Jahren, ganz (und bisexuell) in sich gefangen zu bleiben, statt sich in Engagements mit anderen aus dieser Begrenzung zu lösen. Doch welchen Gefahren des Narzißmus ein Führer wie Jefferson auch ausgesetzt sein mag – wenn er sich in der Vorstellung eines lebendigen und vitalen Volkes gespiegelt sieht, antwortet er kunstvoll und kompetent auf dessen Ruf nach Führerschaft. Dabei war Jefferson kein Großmaul: nicht einmal bei der Verteidigung seiner Autorschaft der Unabhängigkeitserklärung bediente er sich der Mittel der Rhetorik; und vom Tage seiner Einführung in das Präsidentenamt an milderte er die öffentlichen Zeremonien und das private Protokoll – ganz im Gegensatz zu dem von Washington eingeführten königlichen Zeremoniell.

Ein Wort über das Kind im Manne. Als ich Ihnen einige Naturbeschreibungen Jeffersons vorlas (inzwischen haben wir außerdem von seiner Liebe zu schönen Gebäuden gehört), haben Sie sicherlich etwas von einer tiefen, nach rückwärts gewandten Sehnsucht gespürt, die Jeffersons ganzes Leben durchzogen zu haben scheint – einer Sehnsucht vielleicht nach jener geheimnisvollen Mutter, über die wir kaum etwas wissen, und zwar zum Teil deshalb nicht, weil er sie gewissermaßen verborgen hielt. Doch wie kann man eine solche Neigung bei einem Menschen – der, als er sich endgültig nach Monticello zurückzog, sagte: »Ich lege mich in die Arme des Ruhestandes« – als unbewußt analysieren?

Als Jefferson, ohne daß es nötig gewesen wäre, Monticello umbaute (wie jeder wahre Architekt hatte er seine Freude am »Aufbauen *und* Abreißen«), krönte er das Gebäude mit einem achteckigen Kuppeldach, womit er der mächtigen Fassade ein gleichermaßen beherrschendes mütterliches Element hinzufügte. Er war einmal

»heftig verliebt« gewesen, als er sich den heutigen Palast der Ehrenlegion in Paris anschaute. Doch das Kuppeldach von Monticello soll von der Hall aux Bleds inspiriert worden sein, wo er zum erstenmal einer Dame begegnet war, die wir gleich vorstellen werden. Über diese ganze Neigung zur Nostalgie läßt sich also nur sagen, daß sie zwar manchmal seine Gelassenheit beeinträchtigte, daß aber sein Ethos selbst erzeugter Maskulinität ihm gestattete und ihn befähigte, seinen eigenen mütterlichen Schrein zu planen und »sich in seine Arme zu legen«. Im Ruhestand verbrachte er seine letzten Jahre mit Entwerfen, Bauen und Sorge für die Universität von Virginia; unter anderem sah er für spätere Generationen ein Kuppeldach vor, das eine Alma Mater symbolisierte und »den menschlichen Geist in dieser Hemisphäre« umfaßte. Vergessen wir also nicht, den *Entwerfer* als ein weiteres wichtiges Element seiner Identität festzuhalten.

All dies spielte sich viele Jahre nach dem abrupten Ende von Jeffersons Eheleben ab. Kurz nach der Niederschrift der *Notes on the State of Virginia* und kurz vor seinem 40. Lebensjahr starb seine Frau. »Mein Leben«, sagte er später, »wäre so glücklich gewesen, wie ich es mir nur wünschen konnte, wenn die Objekte meiner Liebe unsterblich gewesen wären. Doch alle Gunst des Schicksals ist durch Todesfälle in meiner Familie bitter geworden. Von sechs Kindern habe ich vier verloren und dann ihre Mutter.« Nur Martha, seine älteste Tochter, hat ihn überlebt; solange sie jung war, war er für sie ebensosehr Mutter wie Vater, später war sie ihm ebensosehr mütterliche Gefährtin wie Tochter.

Die Frage nach dem Liebesleben dieses Witwers hat die Phantasie von Biographen immer wieder beschäftigt. Sie rückt heute, da die Sexualität eines Menschen als für seinen Lebensstil prototypisch erkannt worden ist – seit Nietzsche, ganz zu schweigen von Freuds »Libidoökonomie« oder Kinseys »outlets« –, in den Mittelpunkt der Interpretation. Daß Personen, die sich mit so leidenschaftlicher Hingabe in den Dienst öffentlicher Angelegenheiten stellen und ihre Aufgaben aufs Sorgfältigste erfüllen, über besondere Fähigkeiten zur Sublimierung verfügen müssen, nehmen wir heute nicht mehr so ohne weiteres an, wie Freud es tat. Wie auch immer, in den Biographien Jeffersons werden nur zwei Frauen als mögliche Gefährtinnen erwähnt. Die eine ist Maria Cosway, eine Engländerin, die er während seines Aufenthaltes als Gesandter in Paris liebte und verlor. In einigen heute berühmten Briefen finden sich offene Erklärungen seiner Liebe zu ihr. Als diese Briefe im Jahre 1945 veröffentlicht wurden, meinte der Rezensent der *New York Times* mit der Eifersucht eines Biographen, daß sie »ein lohnenderes Thema haben sollten«. Doch mag diese elegante und lebhafte, wenn auch zweifellos etwas launische, Frau (eine Angelsächsin, die in der mediterranen Kultur zu Hause war), wie Carl Binger vermutet, für Jefferson eine Jungsche »Anima« repräsentiert haben, das heißt, so etwas wie ein weibliches Gegenstück, ein Zwilling, dessen Gegenwart gleichzeitig ein Gefühl der Ganzheit und eine seltene Fähigkeit zum Zusammenspiel hervorrief. Auf das tragikomische Ende dieser Beziehung werde ich im zweiten Teil der Vorlesung zurückkommen.

In späteren Jahren, als er wieder auf seiner Plantage war, soll Jefferson dann eine Liaison mit einer sehr viel jüngeren Mulattin gehabt haben, die ihm mehrere Kinder geboren haben soll. Die verfügbaren Daten behaupten eine Reihe von Sachverhalten, die von solchen, die man gerade noch für möglich halten kann, bis zu solchen reichen, die sehr wahrscheinlich erscheinen. Doch auch in diesem Fall ist es wichtig, zunächst die Einstellung der Biographen zu klären. So ist die junge Frau als *afrikanische Venus* bezeichnet worden, obwohl sie nur zu einem Viertel schwarz und eine Halbschwester der vielbetrauerten Ehefrau Jeffersons war (sie hatten denselben Vater). Daß Jefferson der Vater ihrer Kinder sein könnte, wird als ein Akt unvorstellbarer Rassenmischung zurückgewiesen, obwohl diese Kinder nur zu einem Achtel schwarz gewesen wären und, wie wir aus Jeffersons *Farm Book* wissen, mit Erreichen der Reife das Haus hätten verlassen dürfen, um in die allgemeine Population einzugehen. Hier erheben sich Wertfragen, sowie Fragen des Taktes und der Toleranz, an die (in meiner imaginären Akademie) nur ein Gremium von Frauen und Männern unter psychohistorischen Gesichtspunkten herangehen könnte. Denn was mögen weibliche Haussklaven im Süden über ihren Status als Verwandte gewußt und gefühlt haben? Und was würde es für Jefferson, dessen einziger Sohn im Alter von drei Wochen ungetauft starb, bedeutet haben, einen mit einer Mulattin gezeugten Sohn, der ihm sehr ähnlich gesehen haben soll, ins Namenlose, in die Vergessenheit zu schicken? Diese und viele weitere Fragen müssen geklärt sein, ehe diese Liaison mit einer Mulattin, wenn sie tatsächlich bestanden haben sollte, auch – für uns – real werden kann. Zu welchen Schlußfolgerungen Biographen im Hinblick auf so intime Dinge auch immer kommen mögen, und zweifellos deuten viele Ereignisse und Äußerungen auf regressive Züge hin, Jefferson war ein Mensch von seltener

Erwachsenheit, der alles, was er öffentlich und privat unternahm, mit Intensität und Kompetenz durchführte. Wenn er den Namen *founding father* verdient, den Namen *Vater* verdient er ganz gewiß. Auch seine Fehler und Niederlagen muß man in diesem größeren Kontext einer reifen Vollendung des Lebenszyklus sehen.

Und Jeffersons proteischer Charakter – macht dieser ihn nicht höchst amerikanisch und sowohl prototypisch als auch einzigartig unter den Führern seiner Zeit? Es ist heute nur schwer vorstellbar, wie bewußt jene frühen Amerikaner sich der Aufgabe waren, aus den regionalen und generationalen Polaritäten und Widersprüchen einer Nation von Einwanderern und Wanderern einen amerikanischen Charakter zu entwickeln. Und *Charakter* meint in diesem Zusammenhang vielerlei: die klare Abgrenzung einer neuen Identität, die sich ihrer Verbindungen zu den im Heimatland Gebliebenen durchaus bewußt ist, aber die Grenzen dieser Verbindungen überschreitet; einen neuen Typus deutlich gezeichneter und oft überzeichneter Charaktere, die in – in hohem Maße ihrer selbst bewußten – Bildungsromanen dargestellt werden; und eine moralische Kraft, die von den Selfmademen verlangte, nicht zu den stets anders einstellbaren Marionetten neuer Bedingungen und improvisierter Sitten zu werden. Aufgrund der überwältigenden quantitativen Veränderungen (zur Zeit von Jeffersons Tod gab es zehn Millionen Amerikaner) entwickelten sich alsbald Widerstände gegen den Entwurf der *founding fathers*. Gerade wegen dieser einmaligen historischen Chance, selbst etwas ganz Neues hervorzubringen, gibt es in diesem Lande einen größeren Drang zur Expansion, aber auch tiefere Ängste als in anderen Ländern; und nur wenige Nationen mußten eine Teilung ihrer Ideale und ihrer Jugend ertragen, wie sie dieses Land mehrfach, in den wiederholten Teilungen seiner nationalen Identität erlebt hat. War das in der Unabhängigkeitserklärung garantierte Glück das Glück des Wohlstandes und technologischer Macht oder das Glück einer alle Menschen umfassenden Identität, wie sie sich am ehesten in der freien Person ausdrückt? Gibt es ein anderes Land, das sich nicht nur fragt »was werden wir als nächstes produzieren und verkaufen?«, sondern sich auch immer wieder fragt »wer sind wir überhaupt?«, eine Frage, die gut erklärt, warum ein Begriff wie der der Identitätskrise in diesem Lande geprägt worden ist und – ob zum Schaden oder Nutzen – in ihm zu Hause zu sein scheint.

Die gewaltige Leistung der bisher erschienenen biographischen Literatur über Jefferson kann in psychohistorischen Untersuchungen eine gewisse Ergänzung finden. Die emotionalen Risiken biographischer und historischer Arbeit sind wohl jedem bewußt geworden, der über Jefferson gearbeitet hat. Jeffersons Bild läßt sich nicht für weniger haben. Wenn eine derartige Arbeit der Geschichtsschreibung neue Impulse vermittelt, so kann sie andererseits – was die Vorstellung einer definitiven Biographie oder Geschichte angeht – auch zu einer gewissen Resignation führen. Vielleicht darf man nicht mehr erhoffen als eine bewußte und geschulte Bewertung der Relativität auch der gesichertsten historischen Daten und unseres eigenen Status als Beobachter.

II. Die Erben:
Moderne Einsicht und Voraussicht

Die »lebende Generation«
und andere Zitate

Im ersten Teil der Vorlesung haben wir uns auf Jefferson als einen der *founding fathers* konzentriert, die bei der Bildung einer neuen Identität eine bedeutsame Rolle gespielt haben. Jetzt wollen wir den großen Mann verlassen und uns einigen Fragen zuwenden, die uns, die Erben, betreffen. In den von einer Vorlesung gesetzten Grenzen müssen wir danach fragen, warum wir in jeder historischen Epoche, in jeder neuen Phase unseres Lebens, ja, sogar an jedem Morgen, wenn wir einen neuen Tag beginnen, auf ein Gefühl des Neuen angewiesen zu sein scheinen. Die Antwort auf diese Frage mag uns dann helfen, unter psychologischen Gesichtspunkten etwas von der einzigartigen Bedeutung des Phänomens der Vereinigten Staaten zu begreifen.

Jeder, der sich als Leser oder als Autor mit Biographie beschäftigt, wird die Erfahrung gemacht haben, daß die Rückkehr von der Geschichte eines großen Mannes zu unserem eigenen Leben in gewisser Weise entmutigen kann. Von einem bedeutenden Menschen gibt es immer Zitate, jenes Echo stets im Gedächtnis haftender Sätze, die seine – und unsere – Unsterblichkeit verbürgen. Wenn wir uns zum Beispiel von Jeffersons Handeln bestimmten in unserer Zeit gewonnenen psychologischen Einsichten zuwenden, so gibt er uns den Satz mit: »Die Zeit, in der ich gelebt habe, und der Schauplatz, an dem ich engagiert gewesen bin, haben mich zu sehr zum Handeln genötigt, als daß ich Muße gehabt hätte, die Gesetze des Handelns genauer zu studieren.«

Doch welche Gesetze des Handelns hätte Jefferson studieren können? Möglicherweise hätten seine naturwissenschaftlichen Neigungen ihn zu einer ganz anderen Psychologie geführt als der, die ich vertrete. Die Psychologie, von der er am meisten hielt, war die des französischen Physiologen Pierre Cabanis, dessen Vorlesungen er in Paris fasziniert zugehört hatte. Wie er an John Adams schrieb, habe Cabanis mit Hilfe von chirurgischen Untersuchungen am Gehirn von Tieren bewiesen, daß »bestimmte Teile des menschlichen Körpers aufgrund ihrer anatomischen Struktur« geeignet seien, »vom Schöpfer die Gabe des Denkens zu empfangen.« Man hat diese Auffassung als »materialistische Psychiatrie« bezeichnet. Und wenn dies an die auf der Untersuchung von Tauben und Ratten beruhende behavioristische Psychologie erinnert, die in unseren Tagen und in diesem Lande in der Utopie einer perfekt geplanten Umwelt gipfelt, einer so perfekt geplanten Umwelt, daß es statt moralischer Konflikte nur noch das technisch leicht zu bewältigende Problem richtigen Konditionierens gibt, so hat Dr. Benjamin Rush, Jeffersons Freund und ein Vorläufer der amerikanischen Psychiatrie, eine solche Auffassung antizipiert: nach seiner Überzeugung bedeutete der Sündenfall im Paradies nichts anderes als eine Konditionierung des Menschen zum Glauben an die Arbeit. Gott, weit davon entfernt, den Menschen zu verdammen, hat bloß »den notwendigen Stimulus... in die aktivere Form der Arbeit...verwandelt« und damit offenkundig auch die Grundlage für das amerikanische Arbeitsethos, das sicherste Gegenmittel gegen die Ursünde, gelegt. Mehr unter dem Gesichtspunkt der Pharmazie gesprochen (Rush hat auch zur Begründung dieses

Zweiges der Medizin beigetragen): Moses zermahlte das goldene Kalb zu einem Pulver, das er den Götzendienern zu trinken gab. Da diese Medizin »bitter und in höchstem Maße ekelerregend war...«, war [künftig] die Neigung zur Götzenanbetung stets mit der Erinnerung an diese widerliche Mixtur verknüpft und wurde daher mit dem gleichen Abscheu zurückgewiesen«.

Heute, nach 200 Jahren von »Freiheit und Würde«, sagt B. F. Skinner, eine Kultur gleiche weitgehend einem Labor, wie es bei der Analyse des Verhaltens benutzt wird. »Ein Kind wird in eine Kultur hineingeboren wie ein Organismus in ein Labor hineingestellt wird.« Skinner ist überzeugt, daß wir eine »Technologie des Verhaltens« entwickeln könnten, die die Möglichkeit »aversiven« Verhaltens tendenziell ausschalte und tendenziell nur noch erwünschte Leistungen erzeuge. Es wäre eine faszinierende Aufgabe, das ursprüngliche amerikanische Weltbild, über das wir im ersten Teil der Vorlesung gesprochen haben, mit Skinners Kosmologie zu vergleichen, in welcher die »Umwelt« die Funktion des »inneren Wächters« – des Gewissens – übernimmt. Wenn wir fragen, wer in einer perfekt geplanten Welt der oberste Wächter sei, wäre die Antwort Jeffersons und seiner Anhänger, die Naturforscher und Deisten waren: Gott. Für sie war Gott der oberste Direktor des kosmischen Laboratoriums, in dem die Menschen nach seinem Bilde konditioniert wurden. Doch wen würde Skinner für diesen Top-Job vorschlagen?

Ich brauche nicht auszuführen, wie weit Skinners Welt und die der Psychoanalyse voneinander entfernt sind; er selbst macht das klar genug. Und doch konvergieren die beiden Theorien in einem Punkt, den sie beide mit den

Anschauungen Jeffersons teilen, nämlich in dem Interesse, jeweils mit ihren Methoden jene tödliche Verbindung des Besten und Schlechtesten im Menschen, als die sich das Gewissen herausgestellt hat, aufzulösen – eine Verbindung, die den Menschen dazu zwingt, sich oder andere zu bestrafen, um ein gutes Gewissen zu haben oder zumindest ein schlechtes erträglich zu machen. »Bestraftes Verhalten«, sagt Skinner, »tritt mit hoher Wahrscheinlichkeit wieder auf, wenn die Folgen der Strafe nicht mehr spürbar sind«. Indes, Skinner gibt uns keinerlei Hinweise auf die politische Struktur jener geplanten Umwelt, in der Scham, Schuld und Sünde abgeschafft sein werden, weil es keinerlei Antrieb mehr geben werde, Dinge zu tun, die Scham, Schuld oder Sünde hervorrufen. Daher können wir angesichts der Implikationen eines Satzes wie des folgenden nur schaudern: »Wir versuchen, eine solche Welt für diejenigen zu planen, die das Problem der Bestrafung nicht selbst lösen können, für Babys, Retardierte und Psychotiker; ließe sich jedoch das Problem für alle lösen, würde viel Zeit und Energie gespart.« Wir schaudern, weil wir sehr genau wissen, welcher politische Geist nur zu willig wäre, die Verwaltung dieses klinischen Weltlaboratoriums zu tragen.

Wenden wir uns nun einigen anderen Zitaten zu, die uns zu Dingen führen können, die meinem Denken näherliegen: Fragen der Ontogenese des Gewissens in der Generationsfolge der Lebenszyklen.

Zunächst möchte ich Ihnen einige Auszüge aus Jeffersons Korrespondenz mit seiner Tochter vortragen und an eine weitere Periode in seinem Leben erinnern, eine echte Krise der mittleren Jahre – in der Zeit zwischen seinem Gouverneursamt in Virginia und seiner Präsidentschaft. Wir erinnern uns, daß auf den Tiefpunkt seiner politischen Karriere (als er die *Notes on the State of Virginia* schrieb) tiefstes persönliches Leid folgte: der Tod seiner Frau. Nach einer außergewöhnlichen Phase der Trauer gab er seinen Widerstand gegen die Annahme eines öffentlichen Amtes auf, zumal der Ruf, der an ihn erging, einen alten Traum wiederbelebte, nämlich den Wunsch, in Paris zu leben. Dort (nun ein Mittvierziger und Gesandter in Frankreich) verliebte er sich in eine jüngere Engländerin, die – wie alle seine weiblichen Freunde – verheiratet war. Sie war eine Künstlerin, die viel Helles in ihm befreit zu haben scheint, wie er selbst später mit einer gewissen Trauer in »The Head and the Heart« bekundete, in jenem – bisher – berühmtesten Liebesbrief eines künftigen Präsidenten der Vereinigten Staaten. Ich hatte versprochen, über das Ende dieser Affäre zu berichten. Auf einem seiner letzten Spaziergänge mit der Dame in einem Pariser Park muß Jefferson sozusagen über die Stränge gesprungen sein: er fiel hin und brach sein rechtes Handgelenk, eines jener Gelenke, deren strategische Bedeutung erst dann voll erkannt wird, wenn es außer Funktion gesetzt ist. Zudem war die rechte Hand für Jefferson diejenige, die den Bogen seiner geliebten Geige führte und auch den Federhalter führte, mit dem er seine Briefe schrieb. Auch in diesem Falle hat Jefferson selbst die tiefere Bedeutung des Zwischenfalles nicht nur gespürt, sondern auch in einem oder zwei Sätzen ausgedrückt. An einen jungen Freund schrieb er damals: »Wie die rechte Hand unbrauchbar wurde, das ist eine lange Geschichte, die die linke erzählen müßte. Es geschah durch eine jener Torheiten, die nichts Gutes, aber Schlechtes zur Folge haben können.«

Man könnte, und andere werden das mit Recht tun, aus diesem Zwischenfall und diesem Bekenntnis viel herausholen. Jedenfalls: ein paar Wochen beispielloser emotionaler Freiheit endeten mit einem Sturz und einer langwierigen Verletzung.

Zur Genesung ging Jefferson nach Südfrankreich. Dort erhielt er einen Brief von seiner Tochter Martha, die, inzwischen ein Teenager, ebenfalls nach Frankreich gekommen war und in eine Schule in der Nähe von Paris ging. Sie schrieb: »Titus Livius bringt mich um den Verstand. Ich kann kein Wort von ihm allein lesen, und zusammen mit meinem Lehrer lese ich nur sehr selten; doch hoffe ich, bald dazu in der Lage zu sein.«

Wer den strengen und schulmeisterlichen Ton mancher Briefe Jeffersons an seine Tochter kennt, wird sofort und zu Recht vermuten, daß die gerade zitierte Briefstelle als eine reine Provokation auf ihn wirkte. So war es in der Tat. Er antwortete: »Ich höre gar nicht gern, daß Du den alten Text Deines Livy nur mit der Hilfe Deines Lehrers lesen kannst. Wir bringen immer zustande, was wir mit Entschiedenheit in Angriff nehmen.« Und er warnt sie: »Solltest Du Dich einmal, meine Liebe, bei Untätigkeit ertappen, dann laufe davon weg, wie Du vom Abgrund einer Schlucht weglaufen würdest«, denn »Untätigkeit erzeugt Langeweile, Langeweile Hypochondrie und diese einen kranken Körper.« Dies ist nun eine Auffassung von Gesundheit, die mir in meiner Ausbildung als falsch nachgewiesen worden ist. (Gleichwohl scheint sie fortzuleben, denn neulich meinte ein New Yorker Taxifahrer, der zur Hauptverkehrszeit im Zickzack durch die Fifth Avenue fuhr: »Regen Sie sich nicht auf. Das würde Sie krank machen.«) Seine Krankheitsdrohungen verstärkt Jefferson noch durch eine patriotische Ermahnung: »Es gehört zum amerikanischen Charakter, nichts als aussichtslos zu betrachten, sondern jede Schwierigkeit durch Entschiedenheit und Findigkeit zu überwinden. Von aller Hilfe abgeschnitten, müssen wir uns selber helfen und uns nicht auf andere verlassen.« Und er kommt zu dem Schluß: »Bisher ist noch kein arbeitsamer Mensch hysterisch geworden.« Dieser beträchtliche Komplex von Drohungen – Untätigkeit und Langeweile, Hypochondrie und Krankheit, Unamerikanischsein, Hysterie – ist Anlaß, an die negative Identität zu erinnern, an jenes notwendige Gegenstück jeder positiven Identität. Es ist tatsächlich so (wie es Kai Erikson in seinem Buch *Wayward Puritans* darstellt), als ob jede neue Identität bestimmte Formen abweichenden Verhaltens mit umfaßte, Formen, welche die Grenzen (hier durch einen »Abgrund« und eine »Schlucht« markiert) des offiziell sanktionierten Charakters definieren.

Gleichermaßen bedenkenswert ist die unerschrockene und pointierte Antwort der heranwachsenden (und sehr amerikanischen) Tochter, die die moralische Haltung des Vaters bloßstellt: »Ich hoffe, daß Dein Handgelenk besser geworden ist, und ich habe den Eindruck, daß Deine Reise eher Deinem Vergnügen dient als Deiner Gesundheit. Ich hoffe, daß sie beide Zwecke erfüllt... Ich werde wieder an meinen Livy herangehen, wie Du es wünschst. Ich werde noch einmal von vorn beginnen, da ich den Faden der Geschichte verloren habe. Was die Hysteriker angeht, kannst Du ganz beruhigt sein. Ich bin nicht faul genug, um Angst vor ihnen haben zu müssen.« Daß seine Tochter ihm so spöttisch antworten konnte, deutet auf die Verbindung von strenger Moral und rebellischem

Geist in Jeffersons Persönlichkeit hin – eine Verbindung, die wahrscheinlich durch *seinen* Vater begünstigt worden ist. Wir haben bereits gehört, daß Martha das einzige von Jeffersons Kindern war, das ihn überlebt hat, und daß diese Tochter in seinem späteren Leben eine faszinierende Rolle als weibliche Gefährtin gespielt hat, obwohl sie ihrem Mann nicht weniger als 13 Kinder gebar.

Wenn man den Eindruck hat, daß Thomas Jefferson hier etwas zu streng zu seiner Tochter ist, die durchaus in der Lage zu sein scheint, ihre Sache zu machen, muß man an die damals übliche Behandlung von Kindern denken. Wir können in unserem Zusammenhang nur andeuten, daß in der damaligen Zeit die grausame Behandlung von Kindern sich erst ganz allmählich in eine bloß »psychologische Kriegsführung« verwandelte. Der in bezug auf seine Entschiedenheit und Findigkeit gleichzeitig so stolze und so verletzliche »Normalmensch« scheint sich immer im Recht zu glauben, wenn er den Hilflosen und Abhängigen oder denjenigen, die allein fertigwerden können, doch dafür charakterlich zu schwach sind, eine Lektion erteilt.

Prügel und Behandlungen mit kaltem Wasser wichen nur allmählich der moralischen Unterweisung. Und was andere, von der negativen Identität umfaßte Abweichungen angeht, zum Beispiel Leute, die verrückt geworden waren: sie wurden angekettet und an dunklen und engen Orten gehalten, es wurden ihnen die Köpfe geschoren und mißhandelt, sie wurden zur Ader gelassen und purgiert. Patrick Henry, der große Redner, mußte zu Hause seine delirierende Frau füttern, die im Keller angekettet war. Rush (dessen Sohn, ebenfalls Arzt, kriminell und hoffnungslos geisteskrank wurde) war einer der ersten, der die emotionalen Ursachen mancher Krankheiten und der meisten Formen von Verrücktheit erkannte und Beschäftigungstherapie sowie Hygiene und Freundlichkeit – auch für Psychotiker – empfahl. Doch wenn Verrücktheit auch durch moralische Faktoren verursacht sein konnte, die Folgen blieben physischer Art, und Dr. Rush war ein fanatischer Aderlasser. Im Hinblick auf Kriminelle hatte Jefferson selbst als junger Rechtsanwalt und Gesetzgeber eine Liste von Bestrafungen zusammengestellt, die ganz und gar von einer Auge-um-Auge-und-Zahn-um-Zahn-Logik beherrscht war. Diese Liste ist auch in den *Notes on the State of Virginia* enthalten. Später war Jefferson entsetzt über sie; und man muß feststellen, daß er, als er diese Arbeit für einen Gesetzgebungsausschuß leistete, die Anwendung der Todesstrafe zu begrenzen versuchte, indem er begrenzte Verstümmelung als logisch und gerecht erscheinen ließ.

Worauf es hier ankommt: die Behandlung derjenigen, die vom Pfad der Normalität abweichen, hängt mit der Weise zusammen, in der die einzelnen Individuen drohende Abweichungen in sich selbst behandeln – die Konfigurationen der äußeren Unterdrückung scheinen denjenigen der inneren Verdrängung zu entsprechen. Wenn wir Kinder in einer Ecke stehen lassen oder sie einschließen, wenn wir (auch nur verdächtige) Delinquenten in engen oder überbelegten Zellen einsperren oder Dissidenten unserer Grenzen verweisen und Ungläubige exkommunizieren und verbannen, so ist die Logik solcher Maßnahmen, nicht zu reden von ihrem Nutzen, ohne Zweifel fragwürdig – was indes nicht für unsere Befriedigung zu gelten scheint, den von unseren Normen Abweichenden angetan zu haben, was ihnen zukommt. Sicherlich gab es auch praktische Gründe dafür, Waisenkinder ebenso wie Psychotiker, Syphilitiker und Mittellose in einem gefängnisähnlichen Gebäude einzusperren, wie es zur Zeit Jeffersons noch üblich war. Sein Brief kann eine Ahnung davon vermitteln, wie die positive Identität sich ständig selbst stärken muß, indem sie Unerwünschtes ablehnt, sich gegen jene negativen Möglichkeiten abgrenzt, die jeder Mensch in sich selbst begrenzen und verdrängen, verleugnen und abstoßen, brandmarken und quälen muß.

Doch Jefferson, der Erzieher, war sich der Tatsache bewußt (und in dieser Hinsicht seiner Zeit und besonders seiner sozialen Umwelt voraus), daß grausam strafendes und rachsüchtiges Verhalten von Erwachsenen für Kinder nicht nur dann gefährlich ist, wenn es sich gegen sie selbst richtet, sondern auch dann, wenn sie zusehen, wie es anderen angetan wird. An dieser Stelle will ich meine einführenden Zitate mit einer Passage abschließen, die wir in dieser Vorlesung unbedingt vor Augen haben müssen: »Wenn Eltern weder in ihrer Menschenliebe noch in ihrer Selbstliebe ein Motiv zur Zügelung unmäßiger Wut gegenüber einem Sklaven finden, so sollte die Anwesenheit eines Kindes immer ein zureichendes Motiv sein... Die Eltern toben, das Kind schaut zu, erblickt die Züge des Zorns, nimmt im Kreise jüngerer Sklaven das gleiche Gebaren an, läßt seinen schlimmsten Leidenschaften freien Lauf, und täglich mit Tyrannei genährt, zu ihr erzogen und in ihr geübt, müssen sich in ihm häßliche Eigenschaften ausprägen. Wer unter solchen Umständen seine Moral unverdorben halten kann, müßte über wunderbare Kräfte verfügen.«

Menschenliebe meint hier mehr als Gutes zu tun, Selbstliebe mehr als Stolz und die Anwesenheit eines Kindes mehr als ein ungelegener Umstand. Zusammen repräsentieren sie die vernünftige Liebe zur Menschheit – in anderen, in sich selbst und in seinen Kindern –, die allein dem Menschen helfen kann, seine schlimmste Leidenschaft zu überwinden: die Lust zu strafen, durch die er nicht nur diejenigen vernichtet, denen er Gehorsam beiprügelt, sondern durch die er auch in der Gefahr steht, die Chance wahrer Selbstachtung zu verspielen. Heute ist (wie manche Erwachsene glauben) diese Leidenschaft gut verborgen, wenn sie sich auf einer größeren und unpersönlicheren Ebene mit Hilfe mechanischer Mittel in weit entfernten Ländern gegen Menschen auslebt, die nicht »von unserer Art« sind. Indes, die Medien bringen sie unseren Kindern buchstäblich ins Haus, und man fragt sich, ob dadurch nicht eine ganze Generation mit dem bedroht wird, was Jefferson im Sinn hatte, als er von »häßlichen Eigenschaften« sprach.

All dies bringt uns zu Jeffersons berühmtestem Ausspruch, der auch auf der Einladung zu dieser Vorlesung zitiert ist: »Die Erde gehört immer den Lebenden.« Und er verstärkte diesen Satz: »Die Toten haben weder Macht über sie noch Rechte auf ihr.« Dabei dachte Jefferson ursprünglich an die gesetzliche, hypothekarische Belastung der nächsten Generation durch Verlagerung der Schulden des Vaters auf das vom Sohn geerbte Vermögen. Er selbst hatte unter einem derart belasteten Erbe von seinem Schwiegervater gelitten. Doch alsbald und natürlich ganz im Geiste der Revolution wurde dieser Ausspruch auf das ganze Problem der Gesetze angewandt, die künftige Generationen zwingen, einer gesetzlichen Logik zu gehorchen, die nicht durch ihre eigene Erfahrung bestätigt worden ist, also nicht von der »Souveränität der lebenden Generation« anerkannt worden ist. Merrill Peterson hat in diesem Zusammenhang von der »gleichzeitig originellsten und radikalsten politischen Idee Jeffersons« gesprochen. In seiner Funktion als Gesetzgeber war Jefferson in erster Linie an Fragen der Generationenfolge, am Recht auf Erziehung und an der Freiheit des (informierten) Gewissens interessiert. Und es war tatsächlich Jefferson, der einmal gesagt hat (und einige der Jüngeren unter Ihnen haben mich gebeten, das zu bestätigen): »Gott hat verboten, daß wir jemals länger als 20 Jahre... keine Rebellion haben.« Warum 20 Jahre? Hat er vielleicht nicht nur an die Geschichte gedacht, sondern auch an den Lebenszyklus: Gott hat verboten, daß einer 20 Jahre alt wird, ohne rebelliert zu haben? Wie auch immer, 20 Jahre entsprechen der Zeitspanne der menschlichen Entwicklung, derer das Individuum bedarf, um ein Gefühl der Identität zu erwerben, eine Identität, die fest und informiert genug ist, um handeln zu können – was genug Erfahrung voraussetzt, die Macht der Tatsachen und die Tatsachen der Macht anzuerkennen; genug praktischen Idealismus, um infantile Ideale an lebende Personen und Probleme zu heften; und genug rebellisches Engagement für die Zukunft, um einen Teil der internalisierten Forderungen infantiler Schuld hinter sich zu lassen.

Wie alle großen Aussprüche bleibt der Jeffersons auch dann noch lebendig, wenn die Erfahrung des Menschen sich erweitert. Wo seine »Erde« zunächst die Erde unter unseren Füßen meinte – ein neues Land, in dem Besitztümer abgegrenzt sind, aber die Gesamtgrenze noch nicht festgelegt ist –, meint »Erde« heute den von einer Menschheit bewohnten Erdball, wenn nicht, aus der Perspektive des Weltraums, ein Raumschiff. Wenn Erbe einmal materielle Bereicherung oder Verschuldung bedeutete, welche die Erben denjenigen zu verdanken hatten, die etwas hinterließen, damit ihr Name erhalten bleibe, so sehen wir heute zu, wie die älteren Generationen den inneren Grund des Lebens mit einer Hypothek belasten. Wir wissen, daß jede neue Generation ein mit Forderungen der Schuld wie mit solchen der Willfährigkeit belastetes Gewissen in sich trägt, das ihr in der Hilflosigkeit der Kindheit eingepflanzt worden ist. Wir wissen aber auch, daß die Grausamkeit der Menschen untereinander und zu sich selbst im Lauf der Evolution und der Geschichte der Zivilisation begründet ist. Die tragische Nähe des Besten und des Schlimmsten im Menschen zu verzeichnen, heißt auch, die fatale Affinität der Siege der Humanität zu ihrer inhumanen Selbstaufhebung aufzuzeigen. Doch statt über die erhabeneren der in unserer Zitatenkette enthaltenen Aspekte zu predigen, möchte ich versuchen, ihre Bedeutung für die menschliche Entwicklung herauszuarbeiten, denn, um diese Einleitung zusammenzufassen, die grundlegende Erklärung, daß alle Menschen gleich geschaffen sind, kann für uns nur bedeuten, daß alle Kinder mit entwicklungsfähigen Vermögen geboren werden und jedes Kind ein Recht darauf hat, seine Möglichkeiten zu entfalten. Und geboren werden heißt heute: mit Willen der Eltern oder aus Versehen geboren zu werden. In jedem Falle aber muß es das Recht bedeuten, in einer Gemeinschaft zu leben, die, weil sie selbst durch sie lebt, für die höchstmögliche Entwicklung jedes ihrer Mitglieder sorgt.

Die alte neue Identität

Es ist uns inzwischen klar, daß wir Lebensgeschichte und Geschichte nicht voneinander trennen dürfen; um wenigstens ein Grundthema der menschlichen Entwicklung in historische Perspektive zu rücken, muß ich Sie daher kurz an die universellen Dimensionen jenes neuen Weltbildes der Neuen Welt, das die räumlichen und zeitlichen Bedingungen für eine neue Identität bereitstellte, erinnern.

Weltbilder, ob mythische oder historische, haben immer einen Doppelcharakter gehabt: sie waren Projektionen der irdischen Bedingungen eines Volkes in das Universum und eine Reprojektion solcher kosmischen Systeme auf den Menschen, so daß ein König auf Gott weisen und behaupten konnte, daß Gott seinerseits auf ihn weise und damit bestätige, daß sie eines Ursprungs seien und dieselben Ziele verfolgten. Kosmogonie fiel mit dem Ursprung des Volkes – und der Krone – zusammen. Doch ich frage mich, ob es jemals ein so auf die Zukunft gerichtetes Weltbild gegeben hat wie das des amerikanischen Traumes, der antizipierte, welche neuen Dinge auf einem neuen Kontinent getan wurden, welche neuen Charaktere von Mann und Frau sich auf diesem Kontinent ausbildeten und welche neuen Meinungen entstanden.

Als ich all dies mit einem »Blick von Monticello« eingeführt habe, habe ich natürlich all das, was Jefferson selbst und die Redner und Philosophen, mit denen er in Korrespondenz stand, gesagt haben, übermäßig beleuchtet.

Offenbar ist aber das neue Weltbild mit lokalen Varianten im ganzen sich schnell ausdehnenden Land entstanden und – die amerikanische Sprache zeugt davon – hat sich schnell verbreitet und allgemeine Zustimmung gefunden. Es wurde von einer Vielzahl natürlicher Vorstellungen und selbstverfertigter Slogans kontrapunktiert, in denen alsbald die Idee eines unbegrenzten Fortschritts den Platz solcher frühen Ideale wie Jeffersons natürliche Aristokratie usurpierte. Der Antagonismus zwischen dem südlichen Athen und dem nördlichen Sparta, der (mit signifikanten Unterbrechungen) in der Korrespondenz zwischen Jefferson und Adams auf so großartige Weise überbrückt worden war, markierte bereits zu ihrer Lebenszeit den Punkt, über den nur ein Bürgerkrieg hinausgehen konnte. Es hatte sich ein komplexes amerikanisches Weltbild entwickelt, von dem ich nur die einfachsten Dimensionen oder, wenn Sie so wollen, die für jedes Individuum, Führer wie Geführte, geltenden Minimalbedingungen skizzieren kann. Denn es ist klar – und heute ist es klarer als jemals zuvor –, daß angesichts der ungeheuren Komplexität des politischen Lebens oft äußerst einfache Bilder und Emotionen den Tag beherrschen. Daher sehe ich meine Aufgabe im Rahmen dieses zweiten Teils der Vorlesung darin, deutlich zu machen, worin die psychologische Faszination des amerikanischen Traumes bestanden hat und immer noch besteht – zum Nutzen, wie wir hoffen, zum Schaden, wie wir fürchten.

Im Mittelpunkt jenes Weltbildes stand, wie ich gesagt habe, ein neuer Mensch, der Selfmademan, der sich in einem Amerika selbst erzeugt hatte, das sich im Rahmen spontan gewählter Institutionen, welche die Gegenseitigkeit von Rechten garantierten, auf physische Arbeit konzentrierte. Wenn er sich um- und vorausblickte, sah dieser neue Mensch einen unberührten Kontinent mit unbegrenzten Möglichkeiten und Rohstoffen, die ihn hoffen ließen, er werde ein neues Kapitel, wenn nicht das Hauptkapitel, der Schöpfungsgeschichte verwirklichen. Es schien ihm eine grenzenlose Zukunft gesichert zu sein – der Zustand, nach dem man an einem Bestimmungsort angekommen ist, nicht einer, nach dem man einen ehemaligen Aufenthaltsort aufgegeben hat oder gar gezwungen worden ist, ihn zu verlassen. Für eine Bevölkerung, die aus den verschiedensten Gründen und durch eine Vielzahl politischer und religiöser Zwänge getrieben auf einem neuen Kontinent zusammengekommen war, war, wie wir gesagt haben, diese Aussicht auf eine solidarische und glückliche Zukunft von besonderer Bedeutung. Sie setzte ein Ideal künftiger Leistung (und zwar einer im Auftrag Gottes zu erbringenden Leistung) vor jedwede Angst oder Schuld oder Reue, die im seelischen Gepäck des Einwanderers mitgebracht sein mochte. Denn Einwanderer, die um den Preis sofortiger Identifizierung und intensiver Arbeit eine neue Identität (oder eine neue Version ihrer alten Identität) annehmen, müssen nicht nur ihr Heimatland zurücklassen, sondern auch eine ungelebte Zukunft, und nicht nur Feinde, mit denen man nichts zu tun haben will, sondern auch Freunde, für die der eigene Weggang möglicherweise Verderben bedeutet. Welches Recht hat also der Einwanderer, sich eine neue Identität anzueignen? Noch als ich in Amerika ankam, war die offizielle Begrüßung für Neuankömmlinge: »Willkommen!«.

Für den frühen Amerikaner, der durch einen gerade erst

gewonnenen Krieg die alten Heimat- und Vaterländer mit ihrer weit nach innen reichenden Macht über ihre ehemaligen Kinder und Stiefkinder hinter sich gelassen hatte, wurde die Vergangenheit zu einem abgewendeten Fluch, zu einem überwundenen Schicksal. Es stand nicht weniger auf dem Spiel als die Überzeugung, daß das Los der Einwanderung – wenn nicht in der ersten Generation, dann in einer späteren – einen auserwählten Status für künftige Generationen bedeutete, der von oben sanktioniert war, im Namen Gottes, des Schicksals und der Geschichte. Der Amerikaner hatte seinen Schöpfer (seinen Maker, seinen Creator, seinen Fabricator), der seinerseits in der Vorstellung eines vorzüglichen Handwerkers um- und neugeschaffen wurde, der nur zu gern sein eigenes Ebenbild auf der Erde sah. Die *founding fathers* dienten als seine Mittler. Später wurden ihre Gestalten in Metall gegossen und auf Stadtplätzen aufgestellt – in aufrechter Haltung und mit weit reichendem Blick, niemals erschrocken, weder durch das Wetter noch durch lärmende Paraden, weder durch lauten Verkehr noch durch die allgegenwärtigen Tauben. Doch, und auch das haben wir hervorgehoben, der Mensch braucht immer einen, der unter ihm ist, der in seine Schranken verwiesen wird, kurz, auf den er all das projizieren kann, was er in sich selbst an Schwachem, Niedrigem und Gefährlichem spürt. Hätten die Amerikaner nicht die Indianer und die Schwarzen gehabt – die ihr Land nicht verteidigen konnten bzw. mit Gewalt in dieses Land gebracht worden waren –, so hätten die neuen Amerikaner andere an ihrer Stelle erfinden müssen.

Nach der bisherigen Skizze des amerikanischen Weltbildes ist an Struktur wohl noch kaum mehr sichtbar geworden als eine Art Wetterfahne, die gerade hinauf zum Himmel zeigt, verankert in einer gleichzeitig festen und erhöhten Stelle und eine Gleichheit festgelegter Richtungen mit einer Bereitschaft verbindend, sich an zu erwartende Veränderungen anzupassen. Doch damit dieses Weltbild nicht allzu einfach erscheint und die ihm entsprechende Identität als eine ganz einfach einzunehmende und zu verkörpernde Haltung (denn für die meisten heißt Identität heute nichts anderes als eben dies), möchte ich weiter daran erinnern, daß ich die Lebensfähigkeit einer neuen Identität von der historischen Realität abhängig sehe, was vor allem heißt, vom Korpus der in einer Epoche der Beobachtung zugänglichen und im technischen, politischen und militärischen Handeln zu bestätigenden Tatsachen oder Fakten. Von solcher *Faktualität* habe ich jenen Sinn für *Realität* unterschieden, der die alten und die neuen Tatsachen in Einklang miteinander bringt und einer beträchtlichen Anzahl von Individuen in erhöhtem Maße das Gefühl gibt, an bedeutsamen Ereignissen beteiligt zu sein. Schließlich habe ich noch von *Aktualität* gesprochen, von jener wechselseitigen Aktivierung, die dem ökonomischen, politischen und persönlichen Handeln eine besondere Energie verleiht. Erst diese dreifache Verankerung eines Weltbildes in kognitiv erkannten und logisch geordneten Tatsachen und Symbolen, in emotional bestätigten Erfahrungen sowie in einem kooperativ bejahten sozialen Leben schafft eine Realität, die selbstverständlich erscheint.

In Amerika war und ist eine derartige Wahrheit stärker als irgendwo sonst in der Welt und in der Geschichte mit einer ständigen Weitererneuerung des Neuen verknüpft – was eine Haltung voraussetzt, die wahrhaft belebend sein kann, aber auch, was den meisten revolutionären Haltungen passiert, zwanghaft werden kann; das heißt hier: Neuerung um ihrer selbst willen. Wirklich um ihrer selbst willen? Könnte es nicht sein, daß Erneuerung (new frontiers, new deals) auch eine Art von Selbstamnestie für früheres Fehlen im Tun und im Denken mit sich bringen muß? Als Kontrapunkt: in diesem Lande gibt es auch ein beharrliches Verlangen nach einer Wiederherstellung von – traditioneller oder radikaler – Authentizität. Kein Wunder, daß dieser mit einem beispiellosen Überfluß belohnte Kampf um eine neue Identität nicht nur Wellen von Einwanderern in dieses Land gelockt hat, sondern auch auf in der übrigen Welt sich bildende neue Identitäten einen verführerischen und nachhaltigen Einfluß gehabt hat. Direkt oder indirekt wirkt die amerikanische Revolution bis heute auf das Phantasieleben der Völker, selbst solcher Völker, die ihrerseits ganz andere Revolutionen oder evolutionäre Entwicklungen durchgemacht haben.

Doch ehe ich nun versuche, die Dimensionen eines solchen Weltbildes in wenigstens einem Aspekt der individuellen Entwicklung zu verankern, muß ich noch auf einen berechtigten Einwand eingehen: inwiefern ist es überhaupt möglich, das Weltbild der Zeit Jeffersons als ein für andere Zeiten – von der Gegenwart gar nicht zu reden – gültiges Beispiel anzusehen? Hat Jefferson nicht geglaubt, daß das Gebiet der idealen Gemeinschaft einen Durchmesser von sechs Meilen haben müsse, so daß es ohne Mühe möglich ist, bis an die Peripherie und zurück zu gehen, wohlgemerkt, zu gehen, nicht etwa zu reiten, denn auf einem Pferd zu reiten bedeutete ihm zufolge, das Mark der Beine, auf denen zu stehen und zu gehen der Mensch geboren ist, zu ruinieren? Er glaubte das.

Und hat er nicht gleichzeitig den Wunsch gehabt, alle Industrie solle in Europa bleiben, so daß Amerika das Land der Landwirtschaft und des Handwerks bleiben könne? Er hat diesen Wunsch gehabt. Überflüssig, auf die gigantische Urbanisierung und Industrialisierung hinzuweisen, die Amerika statt dessen erlebt hat. Als ich die *Notes on the State of Virginia* wieder las und mir die Blue Hill Mountains, das Tor zu einem damals noch unbekannten Westen, wieder ins Gedächtnis rief, lebte ich auf einem auf einer Halbinsel in der Bay of San Francisco gelegenen Hügel. Von dem Platz, an dem ich saß, konnte ich sowohl die Golden Gate Bridge, den Zugang zum Pazifik, als auch die San Francisco Bay Bridge sehen, die landeinwärts zum Gebirge führt. Jeden Tag fahren Zehntausende von Autos über diese Brücken; und Hunderttausende von Menschen leben auf den Hügeln, die sie verbinden. In jenen Tagen waren gerade Amerikaner auf dem Mond, die man auf dem Fernsehschirm schwerelos hüpfen sehen konnte, während der Mond auf das Panorama von San Franzisko schien.

Jeffersons Freund Rittenhouse vertrat die Ansicht, daß wir in unser Weltbild stets alles aufnehmen müßten, was wir mit bloßem Auge und mit dem Mikroskop wahrnehmen können. Ein vergleichbarer Vorschlag heute müßte von Instrumenten reden, die geeignet sein sollen, den Weltraum zu ermessen und die Ursprünge des Lebens zu ergründen. Soviel zu den Tatsachen. Realität? Wie lassen sich – um nur von dem zu sprechen, was Amerika zu verarbeiten hat – Hiroshima, die Mondlandungen oder unsere moralische Malaise angesichts des Ausmaßes der heute verfügbaren mechanischen Zerstörungskraft in der Dauer eines einzigen Lebens wirklich begreifen?

Und, was die Aktualität angeht, wer von uns ist schon in ausreichendem Maße mit einer ausreichend großen Zahl von Menschen in Kontakt, um von ihnen aktiviert zu werden und sie zu aktivieren, da doch innerhalb der riesigen Netze des Fernverkehrs und der Fernverbindungen sowie der Industriekomplexe so viele von uns wie in Zellen isoliert sind?

Die weitreichenden Folgen all dieser Probleme für die psychische Ökologie des Menschen werden inzwischen von vielen gesehen und studiert. Organisatorische Mittel, die diese Probleme lösen sollen, müssen freilich ohne ein neues Maß des Menschen unwirksam bleiben. Ein neues Maß des Menschen heißt immer: ein neues, dynamisch auf eine ausmeßbare Peripherie bezogenes Zentrum. Diese Peripherie ist heute durch das markiert, was Mensch und Maschine zusammen tun und erreichen können, ohne die Möglichkeiten des arbeitenden, erfinderischen und sich anpassenden Zentrums – des Menschen selbst – zu übersteigen. Phänomene der genannten Art müssen wir daher als eine spontan in diesem Lande auftretende neue Suche nach Zentriertheit auffassen. Ohne Zweifel müssen und werden Städte, die sich himmelwärts ebenso ausdehnen wie in der Fläche, früher oder später um klar begrenzte Gebiete geplant werden, die es den Menschen erlauben, in Berührung miteinander zu bleiben und sich von Angesicht zu Angesicht zu begegnen, gleichgültig wieviel oder wieviel mehr an Information über die verschiedenen Medien verbreitet werden wird. Und es wird weiterhin viel darüber geredet werden, was es eigentlich heiße, ein Mensch zu sein – ein vager und oft mißbrauchter Begriff, und doch für viele so selbstverständlich wie Jeffersons »lebende Generation«.

Es geht hier nicht (oder nicht in erster Linie) um eine romantische Rückkehr in ein perfekt organisiertes Reich. Vielmehr: wir haben erkannt, daß das Maß des Menschen aus der Entwicklung des Individuums hervorgeht und miteinander in Einklang bringt, wovon der Körper leben kann, was der Geist begreifen kann und was die Person integrieren kann. Denn die Grundtatsache, die uns zusammenbringt und zusammenhält, ist die Nacktheit und Hilflosigkeit des neugeborenen Menschen. Ob in einem aufs modernste ausgerüsteten Hospital oder in einem abgelegenen Bauernhaus geboren, ob in einer Kernfamilie oder in einer Kommune, ob ungewollt oder freudig begrüßt – wenn das Neugeborene überleben soll, muß es eine den Stufen der menschlichen Entwicklung gemäße Umwelt finden. Mit jedem Kind wird nicht nur die auch die Beherrschung heute noch unvorstellbarer technischer Welten ermöglichende Kapazität des menschlichen Gehirns neu geboren, es werden auch eine Reihe auf bestimmten Entwicklungsstufen auftretende fundamentale Tendenzen neu geboren, Tendenzen, denen die Evolution nur ganz allmählich Veränderungen gestattet. Während die Erfindungen, Selbstinterpretationen und Sehnsüchte des Menschen radikale Sprünge machen können, verändern sich andere (unbewußtere) Teile des Menschen nur langsam – ich habe von seinem Gewissen gesprochen – und durch Stufen hindurch, in denen die spätere Fähigkeit, in den drei skizzierten Dimensionen der Realität zu bestehen, festgelegt wird. Aus diesem Grunde müssen die durch die Psychoanalyse freigesetzten Einsichten sich immer auch auf die fundamentalen Vermögen und die bleibenden Schwächen beziehen, die nach wie vor das ganze Leben hindurch die

Motivation der Menschen bestimmen. Um es schlicht zu sagen: das, worauf wir aufmerksam achten müssen, ist der Zusammenhang zwischen den Übereinkünften des Menschen mit seinem archaischen inneren Leben (mit seinen Abwehrmechanismen, wie es in meinem Geschäft heißt) und jenen politischen Übereinkünften, die das System der Privilegien und Pflichten in seiner sich erweiternden Welt kennzeichnen.

Wenn wir zum Beispiel von einem amerikanischen Traum sprechen, einem kollektiven Traum ständiger Erneuerung – handelt es sich dann nur um eine Redeweise, oder hängt ein *solcher* Traum auch mit unseren individuellen nächtlichen Träumen zusammen? Denn einen beträchtlichen Teil unserer Zeit verbringen wir im Schlaf; und schlafen heißt nicht nur Erholung von den Anstrengungen des vergangenen Tages, nachladen der verausgabten Energien, schlafen heißt auch träumen. Und träumen heißt, wie wir heute wissen, zu ausgewählten Abschnitten unserer persönlichen und (wie manche sagen) archaischen Vergangenheit zurückkehren, um noch einmal bestimmte Bilder zu sehen (wir sehen einen Traum), Bilder, die am Tag zuvor erweckte Zweifel symbolisieren und die Vergangenheit evozieren. Beim Erwachen müssen wir uns wieder orientieren, nicht nur in bezug auf den Ort, an dem wir sind, und nicht nur in bezug auf die Menschen, mit denen wir zusammen sind, sondern auch in bezug auf uns selbst: jeder kennt das Erstaunen, wenn man sich selbst im Spiegel begegnet, als Herr, Frau oder Fräulein Soundso definiert, mit merkwürdiger Bereitschaft, dem Tag entgegenzutreten und mit der Arbeit oder Beschäftigung fortzufahren, durch die wir leben. Das kollektive Bild dient hier als ein Hin-

tergrund, der uns nicht nur hilft, in die Kleider hineinzu-
kommen, die unser Geschlecht und unsere Rolle markie-
ren, sondern auch in den richtigen Verhaltensstil und
jene erhöhte Aktualität, die uns durch den Tag tragen
kann – wenn sie es kann.

Vom Grund auf

Die Tatsache, daß wir uns nachts in der Horizontalen und tags in der Vertikalen befinden, nachts liegen und tags aufrecht stehen, verweist auf ein Thema, das so elementar ist, daß ich zögere, an diesem erlauchten Ort auf es einzugehen. Doch früher oder später muß ich zu aktuellen Fragen kommen. Wenn ich im ersten Teil der Vorlesung von der jeweils aktuellen Bedeutung der Ewigkeit gesprochen habe, so muß ich dasselbe jetzt in bezug auf die Evolution tun. Als ich die raum-zeitliche Struktur eines jener Weltbilder skizzierte, die als ideologischer Rahmen für die politische Identität des Menschen fungieren, habe ich versprochen, auf die Frage zurückzukommen, was solche Strukturen für das Individuum bedeuten. Um diese Frage zu beantworten, muß ich zunächst auf die schlichte Tatsache hinweisen, daß der Mensch im Laufe der Evolution zu einem Wesen geworden ist, das aufgestanden ist und aufrecht geht, und daß jedes Kind auf seinen beiden Füßen zu stehen lernt. Der Anthropologe Weston La Barre hat einmal gesagt: »Der Mensch steht allein, weil allein der Mensch steht.« Wir könnten hinzufügen: Weil jeder von uns allein steht, müssen wir alle zusammenstehen. Es ließe sich noch viel und noch viel Komplexeres über die Berührungspunkte von Psychologie und politischer Wissenschaft sagen; doch wir müssen an dieser Stelle beginnen – und zwar vom Grund auf.

Wir kennen alle die Geschichte von Ödipus, dem Usurpator. Doch vergegenwärtigen wir uns noch einmal das

Rätsel, das die Sphinx ihm aufgegeben hatte: »Was geht am Morgen auf vier Beinen, am Mittag auf zwei Beinen und am Abend auf drei Beinen?« Einfach genug; und doch höchst persönlich, denn Ödipus heißt »der mit dem Schwellfuß«, ein Name, der auf ein Stigma an den unteren Extremitäten verweist. Ehe Ödipus als Säugling auf einem Berg ausgesetzt wurde, waren seine Fesseln durchbohrt und mit einem Riemen zusammengebunden worden. Man könnte daher sagen, die Identität dieser Figur, die später das Rätsel der Sphinx lösen sowie den Thron seines Vaters und das Bett seiner Mutter usurpieren sollte, war mit dem Fluch schwacher Füße belastet. Ödipus' familiäres und öffentliches Schicksal ist das von der Psychoanalyse am umfassendsten untersuchte Thema. Doch obwohl Freud die evolutionäre Bedeutung der aufrechten Haltung des Menschen im Kontext seiner Libidotheorie ernsthaft zu erfassen versucht hat (der aufrechte Gang exponiert das männliche Genitale und, das dürfen wir hinzufügen, die weiblichen Brüste, die bei keiner anderen Art gleich auffällig sind), hat die Psychoanalyse nach meiner Ansicht der einzigartigen Bedeutung der Vertikalität für das menschliche Ich noch nicht genügend Beachtung geschenkt. Liegt der Grund dafür vielleicht darin, daß in der psychoanalytischen Situation der Patient in der Regel eine horizontale Lage einnehmen muß? Indes: die Formulierung des Rätsels verweist nicht nur auf den Aspekt der phylogenetischen Gegebenheit der Vertikalität des Menschen – in untrennbarem Zusammenhang mit ihr stehen sowohl sein stereoskopisches Sehen als auch die wunderbare Freiheit und Differenziertheit seiner Hände –, sie hebt auch den Aspekt der Stufenfolge in der menschlichen Entwicklung hervor, die

schicksalhaft lange Spanne der Kindheit und den langwierigen Übergang von der durch die Rückenlage bestimmten Abhängigkeit von der Mutter zu einer durch
den aufrechten Gang bestimmten Unabhängigkeit von
ihr, was einerseits zu intensiver inzestuöser Fixierung,
andererseits zu Hybris führt. Und im späteren Leben
verquickt sich beides mit dem Bedürfnis zu wissen, woher wir kommen und wo wir stehen, wohin wir gehen
und wer mit uns geht.

Erst als ich meine Auswahl von Jefferson-Zitaten abge-
schlossen hatte (die Aussprüche eines Menschen, der
eindrucksvoll größer war als die meisten seiner Zeitgenossen und noch zu seiner eigenen Lebenszeit als groß
erklärt wurde), habe ich bemerkt, daß beinahe jedes Zitat
einen Bezug zu den Dimensionen des aufrechten
menschlichen Körpers hatte. Sie werden sich an Jeffersons Beschreibung der *Natural Bridge* erinnern, die so
hoch zum Himmel aufragte, daß der Blick von ihrem
höchsten Punkt schmerzlich und unerträglich erschien:
»Man fällt unwillkürlich auf die Hände und Füße und
kriecht zum Geländer«. Dann haben wir das alberne,
von französischen Biologen vorgebrachte Argument in
bezug auf die körperliche Größe der amerikanischen Ureinwohner, der Kolonisten und der Sklaven gehört, ein
Argument, das durch Hinweise auf die Macht, die von
ihren Köpfen, ihren Herzen und ihren Genitalorganen
ausgehe, noch spezifiziert wurde. Weiter haben wir gehört, wie Jefferson in seinem Liebesbrief den Gegensatz
zwischen Kopf und Herz scharf formuliert und auf den
Sieg des Kopfes gesetzt hat – um den Preis eines rätselhaften und ihm Schaden zufügenden Falles. Und die War-
nungen an seine Tochter, die sich auf den »Abgrund der

Schlucht« bezogen – einen Abgrund, der auf jene warte, die nicht »arbeiten« – sprachen auch von der Unstabilität der aufrechten Haltung des Menschen. Denken wir schließlich noch an seinen vielsagenden Hinweis auf die Funktionsteilung zwischen der rechten und der linken Hand – eine weitere, von einer vorwärtsblickenden aufrechten Haltung abhängige Besonderheit des Menschen –, so können wir sagen, wir hätten mit ein paar Zitaten ein die körperliche Existenz des Menschen symbolisierendes Kreuz gezeichnet: vom Kopf zu den Füßen, von links nach rechts. *Ecce Homo*.

Am Anfang also liegt der Mensch auf dem Bauch und blickt zu dem ihm zugewandten und antwortenden Gesicht der Mutter auf, die manchmal lächelt und manchmal die Stirn runzelt. Von da an suchen wir immer nach einer Person, zu der wir aufblicken können; und wir fühlen uns nur dann als Person bestätigt, wenn wir ausgewählt werden, hochgehoben werden und das Gefühl haben können, für die Erhöhung eben jener Person wichtig zu sein. Ein guter Führer verleiht vielen Erwachsenen dieses Gefühl und für das viel beredete Charisma ist deren Bedürfnis nach diesem Gefühl ebenso entscheidend wie die scheinbare Fähigkeit des Führers, allein zu stehen. Dieses Gefühl erneuert die Hoffnung und das Vertrauen, jene ersten Tugenden im Leben und gleichzeitig die, auf die wir immer mehr als auf andere angewiesen sind: ohne sie bedroht uns die Angst, in einem leeren Universum ungeführt und unerkannt zu bleiben.

Wenn wir zu krabbeln beginnen, lernen wir, uns gerade so weit in den Raum hinauszuwagen, daß wir wieder zurückkrabbeln können. Wir lernen, unserem eigenwilligen Kopf zu folgen, was vor uns ist, zu erkunden und uns

wieder zu dem umzuwenden, was hinter uns zurückge-
blieben ist.

   Das Lernen des Aufrechtstehens ist mit einer besonderen Bedrohung des Gleichgewichts verbunden und mit
der Gefahr, ganz allein zu stehen. Sehen wir uns einige
Dimensionen dieser Erfahrung näher an, und lassen Sie
mich durch eine Reihe metaphorischer Ausdrücke, die
körperliche Existenz und inneres Leben mit räumlichen
und sozialen Perspektiven verknüpfen, bestimmte bild-
hafte und sprachliche Assoziationen bei Ihnen auslösen.

   Beim aufrecht stehenden Menschen ist der Kopf, in dem
die Augen und das Bewußtsein sitzen, oben. Die Augen
sind vorn. Unser Blick sieht, was *vorn* und *voraus* ist.
Was *hinter* uns ist, ist auch *im Rücken*. Damit sind die
Anfänge einer einheitlichen raum-zeitlichen Erfahrung
bezeichnet. Dann gibt es Verbindungen: vorn und oben;
vorn und unten; hinten und oben; hinten und unten –
Verbindungen, die alle in der Kindheit mannigfaltige
Nebenbedeutungen erhalten. Alle Sprachen sind reich an
(systematisch miteinander zusammenhängenden) Meta-
phern, die anzeigen, daß diese Richtungen sowohl
Grundstimmungen wie freudige Erregung und Depression als auch grundlegende soziale Verhältnisse ausdrük-
ken. Um mit einigen zu spielen: vorn und oben sind diejenigen, denen ich eines Tages gleich zu sein hoffe, die
aber manchmal kaum oder gar nicht einzuholen sind. Ich
bin hoch erfreut, wenn sie mich auf ihre eigene Höhe he-
ben, und tief gedemütigt, wenn sie mich plötzlich herabsetzen oder gar im Stich lassen. Und weil wir uns in der
Regel an dem orientieren, was vorn ist, und uns von dem
leiten lassen, was oben ist und vorausweist, haben die
Dimensionen *hinten* und *unten* eine besondere und oft

unheilvolle Bedeutung. Denn wie wir uns auch immer drehen, um zu sehen, was wir sonst nur hören könnten, es gibt ein Hinten, das wir nicht sehen können, doch von anderen gesehen und angegangen werden kann. Die, die hinter mir sind, zerfallen in so gegensätzliche Kategorien wie diejenigen, die mir den Rücken stärken, das heißt, mich ermutigen, nach vorn zu gehen, und in diejenigen, die hinter mir her sind, die mich von hinten fassen wollen. (Kinder spielen mit all diesen Gefahren. Das Guck-Guck-Spiel hilft ihnen, sich an das Verschwinden des Gesichts zu gewöhnen, das wiederzuerscheinen verspricht, und beim Nachlaufen verfolgt zu werden, bedeutet eine lustvolle Bedrohung von hinten, wenn das Kind nur weiß, daß es wieder freigelassen wird, wenn es gefangen worden ist.) Unten und hinten sind einerseits diejenigen, über die ich schlicht hinausgewachsen bin, andererseits aber auch die Dinge und Menschen, die ich hinter mir lassen will – die ich vergessen will, mit denen ich nichts mehr zu tun haben will.

Besonders ausgeprägt und feindselig ist die Verknüpfung des Hinten mit Ausscheidung. (»Die Briten sind in unserem Eingeweide, und wir müssen sie hinauswerfen«, hat Jefferson gesagt.) Die amerikanische Sprache schwelgt darin, diejenigen, die mehr als entbehrlich sind, als »shit« (Scheiße) zu bezeichnen. Und was uns, möglicherweise subversiv, vorn und unten im Wege liegt, erleben wir als Geschmeiß, das man zertritt – ein Bild, das unsere Soldaten gebraucht haben, um ihre unsoldatische Raserei in My Lai zu erklären.

Was zunächst die freudige Überraschung des »Ich kann stehen!« ist, wird eines Tages – nach vielen Krisen – zu einem stolzen »Dafür stehe ich ein!« oder sogar zu einem

»Hier stehe ich!«. Ein Grund, auf dem man stehen kann, und die Fähigkeit, sich über Niedrigkeit und Minderwertigkeit zu erheben, sind von entscheidender Bedeutung. Wachsen heißt auch, über andere und über sich selbst hinauswachsen; und im Fortgang der Entwicklung ist später vieles, was ich einst selbst war und was andere noch nicht sind, unter mir. Doch so einfach sie zu sein scheinen, alle diese Perspektiven sind an die Komplexität der raum-zeitlichen Entwicklung gebunden: was ich im Raum bin, verändert sich in der Zeit; was ich war, ist jetzt in mir; und was ich werde, ist mehr als die Summe all dessen, was ich gewesen bin.

Hätten wir genug Zeit, könnten wir ebensogut von anderen Anfängen ausgehen und in andere Entwicklungsrichtungen gehen: sensorische und kognitive, muskuläre und lokomotorische, sexuelle und soziale. Erwähnen wir nur etwas ganz Offenkundiges: die Unterscheidung zwischen rechts und links, die durch die Orientierung nach vorn erzwungen wird. Auch der starke und geschickte rechte Arm ist ein Resultat der Evolution, das mit Theorien über die soziale Evolution des Menschen durch Krieg und Arbeit ausgeschmückt wird. Die rechte Seite gilt als gerecht und richtig, und auf dem Krieger und Jäger sowie seinen Geschlechtsmerkmalen steht eine hohe Prämie: was zählt ist, vorn gut ausgestattet zu sein. Dann gibt es den Geschlechtsunterschied. Frauen und Männer haben den aufrechten Gang und die Orientierung nach vorn wie auch die Rechtshändigkeit gemeinsam, doch es kann wenig Zweifel daran bestehen, daß in den älteren Schichten unserer Psyche der Grundplan des menschlichen Körpers jeglicher Entwicklung eine aggressiv-defensive Bedeutung verliehen hat. Ähnliches spielt sich in der Kindheit ab: wenn die aufrechte Perspektive sich entwickelt, nehmen auch die Geschlechtsunterschiede bleibende irrationale Nebenbedeutungen an. Derartige Nebenbedeutungen haften an den Anfängen all der verschiedenen Wege, auf denen aufrechte Wesen einander begegnen und miteinander zu tun haben: *erotische Begegnungen* bilden die Muster von Vertrautheit vor, wobei Vertrautheit wechselseitige Teilhabe an den erogenen Möglichkeiten des Körpers wie der innersten Erfahrungen des anderen heißt; *freundschaftliche Bande* zeugen davon, daß man denselben Grund teilt, sich derselben Technik bedient und dieselben Ziele anstrebt; *antagonistische Ausschlüsse* hingegen kehren all diese Zeichen um und erzwingen eine defensive und offensive Befestigung von Front, Rückseite und Flanke. Wie diese Grundmuster unter bestimmten kulturellen Bedingungen innerhalb bestimmter familialer Strukturen entstehen und aufeinander einwirken, hat, wie wir heute wissen, viel mit den grundlegenden Erwartungen und Ängsten zu tun, mit denen das Kind bzw. der Heranwachsende seine erste größere, nämlich politische, Rolle sieht.

Das in diesem Zusammenhang Entscheidende ist, daß jedes Individuum durch solche frühen Erfahrungen in Raum und Zeit geprägt wird; zunächst teilt es diese Erfahrungen mit einem kleinen Kreis vertrauter Individuen, später aber muß es nach einer (schließlich politischen) Verbindung mit größeren Kreisen suchen, die ein gemeinsames Weltbild haben: wie wir jetzt sehen können, haben die ideologischen Raum-Zeit-Perspektiven unter anderem die Funktion, die Angst zu mindern, die noch aus der körperlichen Ontogenese der einzelnen Individuen herrührt. Doch müssen wir gleich hinzufügen, daß sich in der menschlichen Angst die innere Welt stets ebenso reflektiert wie die äußere Welt; daher müssen wir uns noch kurz ein anderes Resultat der Evolution klarmachen, nämlich die Komplementarität der inneren und der äußeren Erfahrung. Das wachsende, reifende und beobachtende Ich steht alsbald auch – nach innen – einem höheren Selbst gegenüber, das stets für diejenigen spricht, die einst größer, klüger, in jedem Falle aber mächtiger waren. Was diese uns in der Erziehung antaten, indem sie uns stets mahnten und bestraften, tut uns jetzt, mehr oder weniger streng, unser Gewissen an. Wir haben auch ein niedrigeres Selbst, mit dem wir uns in geheimer Lust verbünden können, bis unser höheres Selbst uns erkennen läßt, daß wir uns wieder einmal zu sehr erniedrigt haben. Und wir entwickeln ein ideales Selbst, das uns in eine Zukunft winkt, in der wir mit jenen mächtigen Elternfiguren identisch werden. Im Dienste dieses idealen Selbst vergessen wir dann nur zu gern einige unserer ehemaligen Selbste und verdrängen wir bestimmte besonders unangenehme Erfahrungen.

Für alle diese inneren Instanzen hat die Psychoanalyse natürlich technische Termini. So gibt es ein Ichideal und ein Überich, wobei das letztere nicht etwa ein Ich bedeutet, das mir ein Gefühl der Überlegenheit gibt, sondern, ganz im Gegenteil, das Überich ist der Teil von mir, der mir gegenüber als Herr auftritt. Lassen Sie mich nun noch ein Wort zum Ich selbst sagen. Wenn man in Amerika sagt, jemand habe ein Ich, so meint man, er habe einen übermäßigen Eigendünkel. In der Psychoanalyse hingegen bezeichnet der Terminus »Ich« jene ausgleichende Funktion im seelischen Leben, welche die Dinge unter dem Gesichtspunkt des Handelns zurechtrückt.

Mit der Hilfe eines gesunden Nervensystems vermittelt das Ich zwischen äußeren Ereignissen und inneren Reaktionen, zwischen Vergangenheit und Zukunft sowie zwischen dem höheren und dem niedrigeren Selbst. Vor allem aber arbeitet das Ich ständig an der Aufrechterhaltung des Gefühls, daß wir (und das heißt: jeder von uns) im Fluß unserer Erfahrung im Zentrum stehen und nicht an irgendeiner Peripherie herumgeschleudert werden; daß die Handlungen, die wir planen, von uns ausgehen und wir nicht herumgestoßen werden; und schließlich, daß wir aktiv sind, andere aktivieren und uns von anderen aktivieren lassen, und uns durch schwierige Lagen nicht passiv oder untätig machen lassen. All dies zusammen macht den Unterschied zwischen einem Gefühl (und entsprechendem Handeln) der Ganzheit und einem der Fragmentiertheit aus. Um von einer solchen Position überzeugt zu sein, ist jedes Ich offenkundig auf ein bestimmtes Gefühl der Allmacht und der Allwissenheit angewiesen, ein Gefühl, das uns schließlich kriminell oder verrückt macht, wenn es nicht innerhalb der Grenzen der allgemeinen Allmachts- und Allwissenheitsphantasien eines gemeinsamen Weltbildes gehalten wird. Kein Ich ist eine Insel für sich allein; die Sprache, die wir lernen, wenn wir aufstehen und aufwachsen, vermittelt jedem einzelnen die gemeinsame Erfahrung aller: ich, du, wir – in derselben Welt der Tatsachen, der Erfahrung und der Interaktion.

Doch sehen wir ganz klar: dieser unser Stolz, unser Organ der Anpassung und der Angleichung, ist gleichzeitig der Ort der Bestechlichkeit des Menschen; und deshalb muß man zugeben, daß der populäre Gebrauch des Terminus »Ich«, der sich vor allem auf eine gewisse Geltungssucht bezieht, auch sein Recht hat. Wenn wir erwachsen werden, haben wir gelernt, uns mit denjenigen zu identifizieren, die in der politischen und metaphysischen Ordnung über uns sind; die Gesetze anzuerkennen, die uns helfen zu unterdrücken, was nun unter uns ist; und auf andere zu projizieren, was uns in uns selbst jetzt als klein und schwach erscheint, als böse und krank oder von Wünschen getrieben, die wir unterdrücken mußten. Daher ist jedes Ich, gerade auch das, das wir als gesund oder stark bezeichnen, ständig dabei, die Grenzen dessen zu ergründen, womit es fertig werden kann – in bezug auf sich selbst wie in bezug auf andere. In der Form der von Anna Freud klassisch beschriebenen Abwehrmechanismen lernt es, mit sich selbst Abkommen zu treffen, die bis zu einem gewissen Grade funktionieren; und die Iche eng zusammenlebender Personen lernen, Abkommen mit- und gegeneinander zu treffen. Wir müssen zu verstehen lernen, was dies im schlimmsten Fall bedeutet, doch gleichzeitig müssen wir im Bewußtsein behalten, daß geheimes Einverständnis alles von geschicktem Zusammenspiel bis zu wechselseitiger Korrumpierung bedeuten kann, ebenso wie das Treffen von Abkommen bedeuten kann, daß man einander die gleichen Chancen einräumt oder ein abgekartetes Spiel gegeneinander treibt. Sich im Zusammenspiel zu engagieren, Spielräume zuzulassen und zu gewinnen, die Summe gegenseitigen guten Willens und das Maß an Einsicht zu erhöhen – das sind die großen Gaben, die das Ich von den Göttern erhalten hat.

An dieser Stelle wird es Zeit festzulegen, was wir in unserem Zusammenhang als politisch bezeichnen wollen.

Denn in der klinischen Literatur sowie in der Literatur, die sich zum Zwecke der Überredung auf klinische Erfahrungen bezieht, wird neuerdings das Wort »politisch« für den gesamten zwischenmenschlichen Verkehr gebraucht, so als ob ein einzelner Mensch mit seinen inneren Selbsten oder eine kleine Zahl von Menschen (zum Beispiel in einer Familie) miteinander Politik spielen könnten. Wo dieser Sprachgebrauch aufzeigt, daß die sogenannte innere Ökonomie einzelner Menschen in Wahrheit (oder auch) eine Ökologie von Wechselbeziehungen ist, kann er zu überraschenden Aufklärungen führen. Doch es ist wichtig, das Wort *politisch* (ohne Anführungszeichen) der Polis des Menschen vorzubehalten, seiner Fähigkeit, Gemeinschaften (von der konkreten Stadt bis zum Reich Gottes) aufzubauen und sich vorzustellen, die nicht nur für die Notwendigkeiten des täglichen Lebens sorgen, sondern auch einen exquisiten Lebensstil pflegen, der im günstigen Falle in schöpferischem Wechselspiel mit dem inneren Leben des Menschen steht. So wie das höhere Selbst des Menschen der Elite seines Gemeinwesens Bedeutung verleiht, so erhält es auch Bedeutung von ihr, und die Ideale des Menschen und seine niedrigeren Selbste reflektieren sich in dem öffentlichen Drama der Helden und Verbrecher seiner Gesellschaft. Umgekehrt wird sein Ich durch die Gemeinschaft der Staatsbürgerschaft getragen, in der seine Identität sich zu Hause fühlen kann. Von diesen fundamentalen Bedürfnissen und Fähigkeiten sollte kein geringschätziger oder propagandistischer Gebrauch des Wortes *politisch* ablenken, wenn auch klar ist, daß jedes dieser Bedürfnisse und jede dieser Fähigkeiten auf seine bzw. ihre Weise korrumpierbar ist.

Eine von der Psychologie belehrte Wissenschaft von der Politik dürfte Erklärungen für die gefährliche Affinität höchst korrupter und höchst tugendhafter Züge im Menschen finden. Und ich nehme sicherlich zu Recht an, daß Sie hier und da bemerkt haben, daß die gerade erörterten Themen, nahe am Grund wie sie sind, sich auf Ereignisse anwenden lassen, die sich hier in Washington, wo wir zusammengekommen sind, und an anderen Orten abspielen. Denn selten sind wir uns der durchdringenden Macht atavistischer Tendenzen so bewußt gewesen wie heute: wir sehen, wie der Mann an der Front, der ehemalige Krieger und Jäger, seine Grundzüge nicht nur im Kriege bewahrt, sondern auch im Geschäftsleben und in der Politik; nur in den akademischen Berufen, in den Künsten und Wissenschaften nimmt sein Wille zur Herrschaft etwas subtilere Formen an.

Zum Abschluß meiner Bemerkungen über die Ontogenese möchte ich wieder zum Problem der Identität zurückkehren. In der Adoleszenz entwickeln sich jene Konfigurationen von Engagement, durch welche die Erfahrung der Kindheit in neue Begegnungen und in Handeln verwandelt wird. Die Jugendlichen verbinden das Symbolische mit dem Leidenschaftlichen, indem sie sich an den Händen fassen und sich umarmen, indem sie zusammen marschieren, indem sie Seite an Seite arbeiten und beten, indem sie sich in rhythmischer Bewegung vereinen und indem sie in Spielen gegeneinander kämpfen. Auf diese Weise werden die Verhaltensmuster geklärt, von denen ich gesprochen habe: erotische Vertrautheit, freundschaftliche Verbundenheit, sowie die Leidenschaft, andere auszuschließen, das heißt zu wissen, gegen was und gegen wen man zusammenstehen und zusammen fallen will. All dies kann sich indes nur im Rahmen einer Ideologie überzeugend bilden – und Ideologie ist in meinen Augen kein Monopol politischer Parteien, sondern auch etwas für die Entwicklung Notwendiges. Dadurch kann uns klar werden, warum das ganz ungebildete Individuum – allein aufgrund der Umstände, unter denen es aufgewachsen ist – ein tiefes Vertrauen in bestimmte Grundsätze entwickelt hat, wie zum Beispiel in den, daß alle Bürger frei sind und gleich hoch stehen und alle gegen diejenigen zusammenstehen, die glauben, sie seien gleicher als andere, die die Tatsachen manipulieren, die Wirklichkeit verdrehen und die Zusammenarbeit korrumpieren.

Die Annahme Jeffersons und seiner Freunde, im Menschen gebe es einen moralischen Kern, der, wenn man ihm nur den Spielraum lasse, sich durch wechselseitige Aktivierung der Menschen untereinander zu manifestieren, in der Regel moralische und rationale Entscheidungen treffe, stellt eine grundlegende Entwicklungswahrheit dar. Das Chaotische und Regressive oder das Engagierte und Vorwärtsblickende, das Zurückziehen und Träumen oder das Leidenschaftliche und Fähige in der Adoleszenz mag uns eindrucksvoller erscheinen: in dieser Phase, beim Zusammenfließen der internalisierten Realität mit der politischen Welt heften sich die Ideale der Kindheit an Muster der Arbeit und an ideologische Wahrheiten, die in Formen der Zusammenarbeit und der Führerschaft verkörpert sind. In dieser Phase entscheidet sich, ob das Individuum die Möglichkeit haben wird, die Überreste seiner infantilen Schuld und Wut in Aktivität für die Gemeinschaft zu verwandeln, die für es selbst wie für andere bleibenden Wert gewinnt.

108

Für Führer ist es sehr leicht und bis zu einem gewissen Grade notwendig, der Jugend wie auch dem ewigen Adoleszenten im Erwachsenen einige überdefinierte Feinde anzubieten, *gegen die* ein Gefühl der Identität aufrechtzuerhalten ist. Die Qualität der Führerschaft wird nirgends deutlicher als im Zusammenspiel der inneren Abkommen, die der Führer mit sich selbst trifft, und der inneren Abkommen, mit denen er bei den von ihm Geführten rechnen zu können glaubt. Denn davon hängt es ab, welche Art von politischen Abkommen er denen, die er führt, vorschlagen zu können meint. Der empfindlichste Punkt in dieser gemeinsamen Arena innerer Welten ist, wie wir schon angedeutet haben, die doppelte Rolle des Gewissens als eines wohlwollenden und erfahrenen Führers und als eines strengen, verurteilenden inneren Tyrannen. Was wir im Namen all dessen, was heilig ist, in uns zu unterdrücken bereit sind, und wen wir im Namen dessen, was wir in uns selbst abgetötet haben, in der äußeren Welt zu vernichten bereit sind – das ist die schicksalhafteste der Fragen der Menschheit.

Dies alles hängt natürlich eng mit jenem Prozeß der Erzeugung mythologischer Gebilde, die ich als Pseudoarten bezeichnet habe, zusammen. Pseudoarten sind Stämme und Nationen, Glaubensgemeinschaften und Klassen, die alle den Menschen ein großartiges und zeremoniell geheiligtes Bild ihrer selbst vermitteln, das den ideologischen Hunger der Jugend stillt, ihr sagt, wofür es sich zu leben und zu sterben lohnt, und in periodischen Kriegen gegen andere Pseudoarten aus fremden Ländern oder aus dem eigenen Lande ihren Heroismus und ihr Selbstopfer herausfordert. Als ich den Begriff der Pseudoartbildung zuerst diskutierte, meinte Konrad Lorenz, der damit bezeichnete Prozeß sei für den periodischen Drang des Menschen, Mitglieder seiner eigenen Art zu vernichten –, eine Gewohnheit, die nach Lorenz' Behauptung den anständigen Tieren in authentischer Evolution fremd ist – unbedingt notwendig. Heute droht jeder Krieg ein Krieg gegen die ganze menschliche Art zu werden; und daher ist es von höchster Bedeutung, daß in weiten Kreisen der westlichen Welt das um die Identität der Ehre zentrierte Ritual der Kriegführung in einem Maße wie nie zuvor seine elementare Anziehungskraft verliert, während andererseits Aktivitäten für den Frieden die supranationalen Loyalitäten vieler anziehen können. Gleichwohl haben sich in der jüngsten Geschichte die riesigsten Pseudoarten, die es bisher gegeben hat, nämlich die technologisch fortgeschrittenen modernen Nationen, auf Weltkriege eingelassen und Massenvernichtungen zugelassen – ohne Zweifel unter anderem aufgrund der Angst, traditionelle korporative Identitäten zu verlieren. Wenn ich daher vorschlage, den Zusammenhang zwischen jenen einfachsten inneren Abkommen, die wir mit uns selbst treffen, und den politischen Abkommen, bei denen wir uns beruhigen oder durch die wir uns ermutigt fühlen, sehr genau zu untersuchen, so hoffe ich, daß Sie mir zugestehen werden, daß auch ich die übermäßige Macht territorialer Tatsachen und ökonomischer Kräfte sowie aller möglichen Arten von Zufällen in politischen Prozessen sehe – wenn ich in dieser Vorlesung die angedeuteten Themen auch nicht auf konkrete historische Ereignisse anwenden kann.

Lassen Sie mich statt dessen zum Abschluß dieser Diskussion körperlicher Symbolik ganz kurz über meine früheste Erinnerung an die Stimmung dieses Landes in den Tagen meiner Einwanderung in den frühen dreißiger Jahren sprechen. Es war die Zeit des New Deal. Ein großes und wohlhabendes Land war in eine traumatische ökonomische Depression gefallen, die, wie ich heute sehe, das Gefühl bewirkt haben muß, die selbst geschaffene Identität sei gelähmt und ihre weitere Erneuerung in Frage gestellt. In der tiefsten Phase der Depression erschien ein Führer, der selbst nicht auf seinen zwei Beinen stehen konnte, weil er von der Hüfte abwärts gelähmt war. Doch am Arm eines Sohnes oder einer anderen Stütze erschien er immer aufrecht; und da seine Stimmung das Unglück, das ihm zugestoßen war, Lügen zu strafen schien, und seine Stimme sich schallend über jede emotionale Depression erhob, konnte er den Geist der Masse beleben; und die Masse marschierte – hinter dem Mann im Rollstuhl. Und es kamen wieder glückliche Tage.

Diese Erinnerung klingt wie eine Fabel; sie soll und kann auch nicht viel mehr sein, da sie alle ökonomischen und politischen Gegebenheiten außer acht läßt. Doch eine Fabel lügt nicht, und diese hatte damals sicherlich realen Gehalt, ebenso wie sie später dabei half, die Nation gegen die größte Gefahr für den schmerzlich langsamen Fortschritt der Menschheit zur Einheit zu aktivieren: gegen den Faschismus. Daß Roosevelt und die mythologische wissenschaftliche Gestalt seiner Zeit, Albert Einstein, sich verbanden, um das Zeitalter der nuklearen Zerstörung zu begründen – das ist ein anderer Abschnitt unseres langsamen und verschlungenen Weges zur Verwirklichung der Möglichkeiten unserer Art, für welche die Erschaffung der amerikanischen Identität ein bedeutsames Modell sein mag.

Krise der Identitätskrise

Die auf diesem Kontinent entstandene neue Identität ist nicht nur in den durch die Revolution geschaffenen Freiheiten begründet, sondern auch im Mut eines neuen, wahrhaft originellen Bewußtseins. Wenn Sie nun – sei es in einer Stimmung der Hoffnung oder in einer des Herausgefordertseins – erwarten, daß ich auf den letzten paar Seiten den Umriß und die Substanz einer neuen neuen Identität in der nächsten Zukunft entwerfe, dann müssen Sie sich vergegenwärtigen, daß wir in diesem Augenblick unserer nationalen Geschichte keine klaren territorialen und institutionellen Gegebenheiten der Art haben, die – wie es im Rückblick erscheint – einen so überzeugenden Hintergrund für die alte neue Identität unserer *founding fathers* gebildet haben. Im Gegenteil, die zwingende Notwendigkeit, solche Abenteuer wie den Krieg in Südostasien zu beenden, und unsere unaufrichtige und gequälte Reaktion auf dieses Abenteuer zeigen nur zu deutlich an, wie schwer es ist, uns der nicht zu bestreitenden Tatsache gemäß zu verhalten, daß die einstigen geopolitischen Grundlagen der amerikanischen Identität sich bis zur Unkenntlichkeit verändert haben. Das Bild des neuen Kontinents verblaßt, so wie das der Grenze, des Palastes von Monte Zuma und der Küsten von Tripoli und Iwo Jima verblaßt ist. Aus Vietnam herauszugehen, heißt nicht nur, in bezug auf die mit unseren konstitutionellen Freiheiten ererbte nationale Identität wieder zur Besinnung zu kommen, sondern auch, weitere Einsichten in unsere motivationale Gefangenschaft zu gewinnen. Es steht heute nicht weniger auf dem Spiel als die *innere Befreiung*, die eine notwendige Bedingung der Planung jener globalen Politik darstellt, derer eine Art mit *einer* Technologie bedarf. Diese Politik beginnt mit der Verhinderung der globalen Zerstörung: wird sie ihre Vollendung in einem universellen Weltbild finden, das jedes Kind auf dem Raumschiff Erde mitnimmt? In diesem Kontext kann ich nicht mehr tun, als (mit den mir zur Verfügung stehenden Konzepten) einige der *inneren Hindernisse* aufzuweisen, die den Versuchen der Menschheit, sich zu befreien, entgegenstehen – damit unsere Rede von Freiheit nicht immer wieder wie eine Schallplatte klingt, bei der die Nadel in einer Rille stekkengeblieben ist, so daß sie gerade dann, wenn wir die Vollendung einer Melodie erwarten, ein Fragment von ihr bis zum Überdruß wiederholt.

Wenn ich von einer alten neuen Identität sprach, habe ich etwas Ähnliches gemeint; denn eine auf ständiger Erneuerung beruhende Identität muß in eine stereotype Kreisbewegung geraten, wenn sie anfängt, sich selbst zu wiederholen. Freilich hatte diese Erneuerung, und zwar von Anfang an, ihren Kontrapunkt in einem Bedürfnis nach festgewachsener Gleichheit – und es war ein starkes Bedürfnis. Das Gefühl der Identität setzt stets ein Gleichgewicht zwischen dem Wunsch, an dem festzuhalten, was man geworden ist, und der Hoffnung, sich zu erneuern, voraus – eine Dimension der Identität, die zu allen Zeiten eine Unterscheidung in konservativ, wenn nicht reaktionär, und liberal, wenn nicht radikal, erforderlich macht: Aspekte ein und desselben Weltbildes.

Doch was, wenn, wie offenbar in Amerika, eine ganze

neue Zivilisation davon überzeugt ist, sich selbst zu schaffen? Und was, wenn eine derartige Überzeugung zu einem bestimmten Selbstbewußtsein führt, wie es sich zunächst in der Literatur Amerikas zeigt, schließlich aber auch in seiner Psychologie, ganz bestimmt in der, die mit William James beginnt? Und wenn ein solches Bewußtsein eine besondere Aufmerksamkeit auf Probleme der Identität einschließt – die nach meiner Überzeugung allgemein und notwendig sind – stört diese besondere Aufmerksamkeit dann nicht die Unschuld des Entwicklungsprozesses? Oder könnte es sein, daß unsere besondere Neugier im Hinblick auf unbewußte Motivation die Weiterentwicklung eines evolutionären Bedürfnisses nach einem stets bewußteren Kern von Identität angesichts der Beschleunigung des technologischen und wissenschaftlichen Wandels darstellt?

Da unsere Einsicht in Probleme der Identität wie so viele andere fundamentale Einsichten aus dem klinischen Denken hervorgegangen ist, möchte ich an dieser Stelle ein Wort über Freud sagen. Wir nehmen es inzwischen als selbstverständlich hin, daß ein Psychoanalytiker, der ursprünglich Neurologe war, zu einer der großen aufklärenden Mächte der westlichen Welt geworden ist. Jedes Zeitalter hat seine eigene Vorstellung darüber, was den inneren Menschen befreit, und ich habe in dieser Vorlesung auf einen großen Zug in der Konzeptualisierung der inneren Unfreiheit aufmerksam gemacht. Ich habe eine Stelle aus den Evangelien zitiert, in der der Glaube einer kranken Frau als der für ihre Heilung entscheidende Faktor dargestellt wird. Im Hinblick auf die Zeit Jeffersons habe ich von Dr. Benjamin Rushs bemerkenswerten Einsichten in die seelische Dynamik berichtet. Mit Behauptungen wie derjenigen, daß Depression »von Ursachen hervorgerufen werden kann, die vergessen sind; oder durch den Anblick von Gegenständen, die wohl die Empfindung des Schmerzes wiederbeleben, die einst mit ihnen verbunden war, nicht aber auch die Ursache des Schmerzes ins Gedächtnis zurückrufen«, hat er Freud antizipiert. So weit diese kurzen Illustrationen auch in Zeit und Kontext voneinander entfernt sind, sie zeigen doch eine Tendenz an, welche die Ursache seelischer Störungen mehr und mehr in das Innenleben des Kranken verlegt und seine Heilung mehr und mehr von einer inneren Entscheidung abhängig sieht – gemäß dem Ratschlag Dr. Rushs, sauber und fleißig zu bleiben. Freuds Moral wie sein klinischer Verstand ließen ihn das bei der Hypnose noch geübte Handauflegen aufgeben und sich jeder anderen Autorität als der Stimme, die zur Einsicht in die Ursache des Leidens ermutigt und durch Deutung zu solcher Einsicht verhilft, zu begeben. Gleichwohl ist die Vorstellung einer Übel hervorrufenden Quantität bis heute erhalten geblieben: die Vorstellung einer bösen Substanz, die in den Evangelien in Schweine getrieben wurde, zur Zeit Rushs noch mit dem bösen Blut abgelassen wurde und heute mit Elektroschocks ausgetrieben wird. Auch Freud hatte noch die Vorstellung einer kathartischen Erfahrung, der Abreaktion eingeschlossener Emotionen, die bei ihm allerdings den Weg zur Einsicht bahnen sollte, das heißt, die Ich-Stärke des Patienten seiner Veränderung nutzbar machen sollte. Und indem er einer Gruppe von Ausgeschlossenen (den Hysterikern, die Jefferson seiner Tochter warnend vorgehalten hatte) dazu verhalf, sich selbst zu achten und ihre eigene Geschichte zu verstehen, entwickelte er Methoden und

Konzepte, die sich nicht nur auf alle möglichen Formen abweichenden Verhaltens anwenden ließen, sondern auch auf die Geschichte des sogenannten normalen Menschen. Dadurch hat er die Verantwortung des Menschen für sein Unbewußtes erweitert, insbesondere – durch die Aufdeckung der Verdrängung, die die frühe Entwicklung verdunkelt und verfälscht hatte – die Verantwortung für die Entwicklung seiner Kinder. Freud hat bis dahin zufällige Einsicht im nachhinein durch systematische Einsicht ersetzt und dadurch auch ein gewisses Maß an Voraussicht in bezug auf die Generationsprozesse möglich gemacht, an denen Jefferson so leidenschaftlich interessiert war.

Freud selbst hat als erster vorausgesagt, daß neue Entdeckungen wie die seine aufgrund der Natur der Sache nicht ohne innere Widerstände, in denen er normale psychische Funktionen sah, anerkannt werden könnten. Daher sind wir darauf vorbereitet (wir sollten es sein), daß solche Widerstände sich mit anderen Abwehrreaktionen gegen Einsichten verbinden, die uns unserer selbst geschaffenen Gewißheit zu berauben scheinen. Unter diesem Gesichtspunkt hat Freud seine eigenen Ideen mit den Ideen von Kopernikus und Darwin verglichen: Ideen, die den »Frieden dieser Welt stören«; den von Freud genannten berühmten Namen müssen wir jedoch, wie ich glaube, noch den von Marx und den von Freuds Zeitgenossen Einstein hinzufügen. Denn die Idee der Relativität in der äußeren Welt und das Konzept des Unbewußten in der inneren Welt des Menschen (und in dieses Konzept schließe ich auch Marxens Entdeckung eines Klassenunbewußten ein) scheinen mir in der Tat zwei »den Frieden dieser Welt« störende Erweiterungen des menschlichen Bewußtseins in unserer Zeit zu sein. Offenbar muß jede neue Identität den *Mut zu ihren Relativitäten* und die *Freiheit von ihren unbewußten Quellen* erwerben; und das schließt ein, der durch beide, Mut und Freiheit, erregten Angst ins Auge zu sehen. Seine Konzeptualisierungen des Universums projiziert der Mensch stets auf sich zurück; die Geschichte zeigt uns, welche Bedeutung Theorien über das Universum im Alltagsleben annehmen. Die Relativitätstheorie bedeutet für das Alltagsbewußtsein Relativismus – eine Idee, die Einstein selbst ganz fremd war. Und was die Aufnahme von Einsteins Werk durch seine gelehrten Zeitgenossen betrifft: Sie werden sich wie ich erinnern, daß selbst hervorragende deutsche Wissenschaftler es »abscheulich« fanden. Es rief bei ihnen moralische Schauder hervor. Gerald Holton korrigiert sie und uns: »Die Relativitätstheorie besagt keineswegs, daß die Wahrheit vom Standpunkt des Beobachters abhängt; ganz im Gegenteil, sie hat die Gesetze der Physik so reformuliert, daß sie für jeden Beobachter gelten, gleichgültig *wie er sich bewegt oder wo er steht*. Ihre zentrale Bedeutung ist, daß die höchsten wissenschaftlichen Wahrheiten ganz unabhängig vom jeweiligen Standpunkt sind.« Ich habe die Wörter hervorgehoben, die uns an die psychologische Bedeutung eines Standpunktes erinnern, um das paradoxe Verhältnis zwischen den großen wissenschaftlichen Revolutionen und den Kriterien des menschlichen Ichs – Zentralität, Originalität, Entscheidungsfähigkeit, Initiative und natürlich Identität – klarzumachen. Zentralität scheint gefährdet zu sein, wenn die Erde nicht den Mittelpunkt des Universums bildet; Originalität, wenn wir von einer niederen Art abstammen; Entscheidungsfähigkeit und

117

Initiative, wenn das, was wir zu tun glauben, ganz wesentlich von unbewußten Motiven beeinflußt ist. Neue Tatsachen, die von Menschen bewiesen werden, die in äußerster Wahrhaftigkeit mit Tatsachen spielen können und kraft ihrer Kompetenz und Überzeugung den Mut haben, allein zu stehen und dadurch sowohl ihre geistige Gesundheit als auch ihre Anerkennung aufs Spiel zu setzen, scheinen daher oft gerade das zu zerschmettern, von dem wir nach wie vor glauben, es müsse das Wirkliche oder Wahre sein. Und das Paradox ist, daß diese Tatsachen und Theorien einerseits die menschliche Macht über die Natur (und die menschliche Natur) enorm vergrößern, andererseits aber eine Phasenverschiebung zwischen dem, was wir wissen, und dem, was wir »einsehen«, »realisieren« können, bewirken – eine in der Tat gefährliche Situation.

Auf ein solches neues Bewußtsein wird mit den vielfältigsten Reaktionen geantwortet, von denen manche voller Lust und Einfälle sind und neue Spielräume für die Entfaltung von Erfindungsgabe und Nachdenklichkeit schaffen. Doch sehe ich meine Aufgabe hier eher darin, auf die alten Extreme zu enger und zu weiter Identitäten aufmerksam zu machen. So gibt es den Versuch, die alte neue Identität zu bewahren, die, je brüchiger sie wird, um so grimmiger behauptet, daß man ein Selfmademan sein kann und muß, eine Do-it-yourself-Persönlichkeit im Sinne der amerikanischen Tradition – einer Tradition, die anachronistische, vom reaktionären Besitz privilegierter Interessen und organisierter Mächte abhängende Haltungen stützt. Kennzeichen dieser alten neuen Identität ist eine geringschätzige, Bestrafung fordernde Haltung gegenüber denjenigen, die, noch dazu in eigener

Verantwortung und nach eigenem Maße, mit neuen Identitäten experimentieren.

Viele unter den Jungen – oder jetzt nicht mehr ganz so Jungen – mißtrauen dem ganzen Konzept der Identität; sie sehen in ihm einen weiteren Trick der älteren Generation, dem, was man werden könnte, wenn man sich weigerte, selbst etwas aus sich zu machen, sondern stets nur improvisiere und sich treiben lasse, traditionelle Beschränkungen aufzuerlegen. Sich selbst gegenüber scheinen diese jungen Leute permissiv zu sein, während sie anderen gegenüber, insbesondere gegenüber denjenigen, die mit so großer Anstrengung glauben, sie wüßten, wer sie sind, nur Verachtung zu empfinden scheinen. Das heißt freilich nicht, daß sie nicht suchten, was sie leugnen. Denn selbst dort, wo neue Bewußtseinsformen und neue Sozialstrukturen sich in verwirrendem Wechsel bilden, ändert sich das Grundbedürfnis nach einer vertrauten Identität, wie wir gesehen haben, nur unendlich langsam. Die Suche nach einer revolutionären Identität führt daher oft zu Haltungen, die einer anderen Zeit angehören.

Identität ist dort am gesichertsten, wo sie in Aktivität begründet ist. Wenn wir einen neuen Menschen kennenlernen, wollen wir gewöhnlich zuerst wissen, was er tut, und dann, wie er tut, was er tut. Denn in unserer Entwicklung ist auch ein Bedürfnis nach Kompetenz verankert, und, was von höchster Bedeutung ist, die Stufe der Identität bildet sich im Schulalter, in jener Phase, in der aus der gereiften Fähigkeit, Regeln gemäß zu spielen und aus Spiel und Arbeit Idealbilder von Initiative zu entnehmen, Arbeitskompetenz und Fairneß hervorgehen. An den Idealbildern künftiger Kompetenz haften freilich immer Reste infantilen Schuldgefühls über die Usurpation von Rollen, die einst von Elternfiguren besetzt waren; und es ist stets die Frage, ob eine solche subjektive Usurpation durch kompetente Leistung gerechtfertigt wird. Aus diesem Grunde wird eine neue Identität sehr eng mit der genauen Beherrschung einer Reihe von durch den Stand der Wissenschaft und Technologie ebenso wie durch den der Künste bestimmten Fertigkeiten verknüpft sein; kein Versuch zur Humanisierung des Lebens sollte diese Fähigkeit herabsetzen oder gar verteufeln. Kompetenz ohne Überzeugung ist nichts anderes als eine Form der Versklavung durch Tatsachen; Überzeugung ohne Kompetenz ist freilich kein Weg zur Befreiung.

In diesem Zusammenhang ist es interessant, darauf hinzuweisen, daß einige der wahrhaftigsten der jungen Rebellen der jüngsten Zeit das Bedürfnis verspüren, sich landwirtschaftlich oder handwerklich zu betätigen, um mit dem in Berührung zu kommen, was wächst und stets ehrlich antwortet. Die Vorstellung, daß alles relativ ist, hat den Charakter der Identitätsbildung in der Gegenwart zweifellos in vielerlei Hinsicht geprägt, in subtiler Weise wie in grober. Im ersten Teil der Vorlesung habe ich darüber gesprochen, daß Jefferson ein Mensch gewesen ist, den man ganz spontan als einen proteischen Menschen bezeichnet hat, das heißt, ein Mensch, der im Laufe seines Lebens (um seinen eigenen Ausdruck zu gebrauchen) eine Reihe scheinbar widersprüchlicher Charaktere annehmen konnte: Farmer und Architekt, Rebell und Aristokrat, Staatsmann und Philosoph, Amerikaner und Klassizist – gar nicht zu reden von scheinbar widersprüchlichen Persönlichkeitszügen, einschließlich einer bestimmten Mischung von Femininem und Maskulinem. Trotz alledem ist er immer er selbst gewesen in einer Zeit, die Veränderlichkeit und Vielfältigkeit ebenso herausgefordert hat wie Standfestigkeit des Charakters – ohne Anführungszeichen. Angesichts des durch die Ausbreitung amerikanischer Verhaltensweisen geförderten allgemeinen Auftretens eines proteischen Charakters in unseren Tagen ist es sicherlich angebracht, daran zu erinnern, in welch mißlicher Lage Proteus sich befand. Er kannte die Vergangenheit, die Gegenwart und die Zukunft aller Dinge, und die Pseudoidentitäten von Tieren und Elementen der Natur nahm er deshalb an, um nicht die Wahrheit über die Dinge sagen zu müssen. Nur wenn er im Schlaf überrascht und festgehalten wurde, ehe er sich in ein anderes Wesen verwandeln konnte, war er gezwungen, er selbst zu sein und zu sagen, was er wußte. In der ursprünglichen proteischen Persönlichkeit gab es also einen realen und bleibenden Proteus, eine tragische Kernidentität in der Vielfalt wechselnder Rollen.

Doch was, wenn das Spiel mit verschiedenen Rollen zum Selbstzweck wird, mit Erfolg und Prestige belohnt wird und einen Menschen verführt, die in ihm angelegte Kernidentität zu verdrängen? Selbst ein Schauspieler ist nur dann in vielen Rollen überzeugend, wenn er über die Kernidentität – und natürlich die Kunstfertigkeit – eines Schauspielers verfügt. So mag es auch durchaus Charaktertypen geben, die gerade aufgrund proteischer Möglichkeiten gedeihen, ebenso wie es eine Entwicklungsperiode gibt (nämlich die Jugend), in der das Experimentieren mit einer Vielzahl von Rollen und wechselnden psychischen Zuständen ein Weg zur persönlichen Reifung sein kann. Was heute als proteische Persönlichkeit gilt, scheint ein Versuch adoleszenter Persönlichkeiten – wie sie Amerika stets hervorgebracht hat – zu sein, durch eine Haltung bewußter Veränderlichkeit mit dem ungeheuren Wandel fertig zu werden, ein Versuch, durch Spielen mit der Veränderung die Initiative zu behalten. Wir sind uns gegenseitig Vater und Mutter, bestätigen einander unsere Identität, bilden unsere eigenen Traditionen und, was noch mehr ist, wir können all dies ständig aufs neue tun. Diejenigen, die für dieses Spiel begabt sind und es daher ausgiebig spielen, können es mit einigem Glück zu einem wesentlichen Element ihrer Identitätsbildung machen und dadurch ein neues Gefühl von Zentralität und Originalität im Fluß unserer Zeit gewinnen. Doch wie, müssen wir fragen, können diese proteischen Menschen sich gegenüber ihren eigenen Nachkommen verhalten? Könnte ihr Wunsch, stets nur Varianten ihrer selbst zu reproduzieren, nicht dazu führen, daß sie den erwachsenen Wunsch, neue Wesen zu erzeugen (oder für sie zu sorgen), verdrängen – eine Verleugnung, die sich durch den Hinweis auf die Notwendigkeit, die Weltbevölkerung zu begrenzen, leicht rationalisieren läßt?

Für Proteus war mehrfache Identität ein tragisches Schicksal; für uns – die mit Relativitäten und unbewußten Bedeutungen rechnen – sollte mehrfache Identität zu einer Frage bewußterer und besser begründeter Entscheidung oder Wahl werden, doch stellt sie sich heute häufig als ein Problem von Zwangsvorstellungen dar. Das zeigt sich besonders deutlich am Beispiel der Sexualität: statt einer freieren und individuelleren Wahl werden heute alle einst verdrängen oder als pervers geltenden Formen von Sexualität praktiziert, als ob diese Auswechslung der Formen allein schon sexuelle Freiheit bedeutete. Kein Wunder, daß das Spielen dieser und anderer austauschbarer Rollen oft nur dann ein flüchtiges Gefühl von Identität vermitteln kann, wenn es durch Drogen verstärkt wird, die diffuse Schuldgefühle abzustumpfen helfen.

Ich habe in dieser Vorlesung genug über die Natur des menschlichen Gewissens gesagt, was anzeigt, daß durch im Namen vielfacher oder gar keiner Identität übermäßig ausgespielte Rollen das altmodische Gewissen nicht befreit, sondern verdrängt wird. Die Folge solchen Rollenspiels ist nicht größere Freiheit im bewußten und vernünftigen Gewähren von Spielräumen, sondern Unfähigkeit, eine andere Moral zu verkörpern und anderen zu vermitteln als die, sich an eine Vielzahl von Rollen anpassen zu können, nicht nur an eine. Doch diese Art von Anpassung reicht nicht aus. Denn das Ich verlangt Anpassung sowohl im Sinne der Anpassung des Menschen an die Umwelt als auch im Sinne der Anpassung der Umwelt an die Bedürfnisse des Menschen, wofür das Verhältnis von Arbeitsstrukturen (die nicht unbedingt auch Klassenstrukturen bedeuten müssen) und Identität – das heißt unter anderem: die wechselseitige Anpassung von technologischer Leistungsfähigkeit und menschlichem Lebenszyklus – entscheidend ist.

Doch kehren wir zum anderen Extrem zurück: zu jenem neuen Strafbedürfnis, das auf der grausamen alten Identität beruht und sich auf eine kaum verhüllte Verbindung von Rachsucht und schlechtem Gewissen stützt (die am lautesten von Moral reden, haben stets ihre Abkommen mit ihrem eigenen Gewissen getroffen), einem Bedürfnis, das die Rechtfertiger und Selbstrechtfertiger zu befriedigen scheint, aber bei der Lösung der Probleme jugendlicher Gesetz- oder Zügellosigkeit wenig hilfreich ist. Wir wissen heute: wo große Gruppen junger Menschen nur in einem protzigen Zurschaustellen der negativen Identität – in Hilflosigkeit oder im Verbrechen, in einsamer Kriminalität oder in der Pseudogemeinsamkeit von Banden – zu Momenten erhöhten Identitätsgefühls finden, ist ihre Fähigkeit, vernünftige Entscheidungen oder informierte Wahlen zu treffen, durch soziale Vernachlässigung verkümmert; und außerdem wird – neben der Möglichkeit, leicht und billig Waffen zu erwerben – in den Medien und vom Establishment eine Vielzahl gewalttätiger und grausamer Pseudoideale vorgeführt, die rachsüchtige Haltungen sozusagen in Mode bringen. Statt so viele junge Menschen einzusperren, und das in einer Weise, die ihre moralische Initiative mit Sicherheit vollends lähmt, sollten wir den Einfluß offizieller Demonstrationen rücksichtslosen Gebrauchs überlegener Macht auf die Jugend untersuchen, ein rücksichtsloses Verhalten, das durch den Hinweis auf höhere Notwendigkeiten nur schwach rationalisiert wird, sondern in erster Linie das höhere Bedürfnis nach Selbstrechtfertigung anzeigt. Eine neue Identität kann sich nicht ohne eine moralische Autorität bilden, die, durch eine informierte Justiz, einem Menschen, der die Gesetze verletzt hat, ein Maximum an Wahlmöglichkeiten zurückgibt. Und wir glauben mit Jefferson, daß dort, wo es eine Wahl und die für sie erforderlichen Informationen gibt, die meisten jungen Menschen sich eher für produktive Gemeinschaft entscheiden als für einsame Kriminalität.

Auch dies läuft schließlich auf eine politische Frage hinaus, die sich aus den Abkommen ergibt, welche die verschiedenen Rechtspfleger mit sich selbst und den Instanzen, mit denen sie zusammenarbeiten, treffen, sowie aus den Abkommen, welche die Gesellschaft mit sich selbst trifft, indem sie die komplexen Rechtsverhältnisse, die als bequeme Masken für eine keineswegs auf moralische Autorität hindeutende Selbstrechtfertigung dienen, ruhig hinnimmt und auf ihre Erhaltung hinwirkt.

Ich spreche hier vor allem von jungen Menschen, die sich abweichend verhalten, von Menschen, die zur angeblich lebenden Generation gehören. Wenn ich jetzt sich abweichend verhaltende junge Menschen mit ganz unterschiedlichen Motiven und von ganz unterschiedlicher Rechtsfähigkeit in Zusammenhang bringe, so tue ich das nicht, um auf Ähnlichkeiten bei ihnen hinzuweisen, sondern um Ähnlichkeiten in unseren Einstellungen gegenüber ihnen als Sündenböcken aufzuzeigen. Nach der Feuereinstellung in Südostasien hat sich in dieser Nation die Vorstellung von Helden und Schurken auffällig gewandelt: die zurückkehrenden Kriegsgefangenen, die fast alle Karriere beim Militär gemacht hatten, wurden gefeiert; die Masse der zurückkehrenden Wehrdienstpflichtigen wurde kaum beachtet; und diejenigen, die den Kriegsdienst verweigert hatten oder desertiert waren, wurden als Schurken gebrandmarkt, denen ihre »gerechte« Strafe nie erlassen werden dürfe. Viele dieser jungen Nonkonformisten, die gezwungen waren, einer Politik zu dienen, die von vielen Bürgern offen abgelehnt wurde und von fast allen als eine Störung des Lebens der Nation empfunden wurde, hatten keine andere Wahl als die, den wachsenden Widerstand zu verkörpern; und nun streiten wir darüber, ob wir ihnen vergeben oder ihre Tat vergessen sollen. Eines Tages wird man all dies unter dem Gesichtspunkt der Veränderung der propagandistischen und emotionalen Reaktionen auf die verschiedenen Phasen des Krieges betrachten. Worauf ich hier nachdrücklich aufmerksam machen möchte: die Bereitschaft, junge Menschen, die auf die eine oder andere Weise die Hauptlast unserer Konflikte tragen, vom Leben der Nation auszuschließen. Könnte es sein, daß wir deshalb einige hinter Gefängnismauern eingeschlossen und andere von unseren Grenzen ausgeschlossen halten, um nicht entweder zu jenen dunklen Impulsen oder jenen hohen Idealen Stellung nehmen zu müssen, aufgrund derer diese jungen Menschen sich abweichend verhalten haben? Ich habe angedeutet, daß die Einkerkerung vieler, denen jede wirkliche Alternative zum Verbrechen versagt war, und die Verbannung vieler, die keine andere Alternative hatten als die, den Wehrdienst zu verweigern, an die Weise erinnert, in der wir, die Angepaßten, in uns selbst unsere schlimmsten und unsere besten Möglichkeiten verdrängen, um eben unsere Anpassung nicht zu gefährden. Doch ebenso wie wir unsere eigene Persönlichkeit einschränken, wenn wir uns weigern, das Schlimmste und das Beste in uns zur Kenntnis zu nehmen, rauben wir unserer Nation erhebliche Kräfte, wenn wir die frischen Energien so vieler junger Menschen vom Lebensstrom der Gemeinschaft ausschließen – und dies im Namen von Ehre oder Gesetz oder Ordnung.

Ich will nicht noch einmal auf das Verhältnis von innerer Verdrängung und äußerer Unterdrückung eingehen. Doch meine ich, daß neuere Entwicklungen im Leben unserer Nation wie die plötzliche Verschiebung der Aufmerksamkeit von militärischen Greueltaten im Ausland zu politischen Skandalen im Inland sowie die dramatische öffentliche Zurschaustellung von Individuen, die für einen solchen Skandal verantwortlich oder in ihn verwickelt sind, keinen Zweifel an den psychologischen Beziehungen zulassen, die ich hier nur skizzieren konnte, nämlich den Beziehungen zwischen der *Verdrängung* innerer Konflikte bei den an die herrschenden Mächte Überangepaßten, der *Unterdrückung* abweichender Meinungen und der bereitwilligen *Vergewaltigung* fremder Völker. Wir müssen lernen, dieses wechselseitige Aufeinanderbezogensein voll zu erkennen, und dürfen uns nicht durch das ablenken lassen, was zu einem bestimmten »Zeitpunkt« das Bedürfnis der Rachsucht oder der Selbstrechtfertigung am sensationellsten befriedigt.

Inzwischen können wir darüber nachdenken, daß dieses Land an dem jetzt erreichten Punkt in der Geschichte sich mit seinem Bewußtsein historischer Schuld, damit, daß es die Gesetze der Humanität und der Natur verletzt hat, auseinandersetzen muß. Doch aus Gründen, die in seiner eigenen Geschichte liegen, mag dieses Land es schwierig finden, ein solches Erfordernis auch nur ins Auge zu fassen. Denn anzuerkennen, daß (ganz demokratisch) alle Menschen Sünder sind, ist etwas ganz anderes, das nur allzu viele nur allzu leicht zu tun finden – einmal in der Woche. Hingegen: die Möglichkeit der Hybris in einer expansiven Initiative klar zu erkennen – in einer Initiative, die in ihrem materiellen Erfolg ihre beste Rechtfertigung zu finden schien (so wie die Invasion in fremde Länder zu deren eigenem Wohl geschah) –, verlangt nach einer neuen Identität. Reue ist, wie wir gesehen haben, keine amerikanische Tugend, und bloße Reue ist auch sinnlos: sie kann alles zugeben, ohne irgend etwas zu ändern. Unserem Stil entspricht es eher, Schuldige zu finden; indem Schuldige ihre Strafe verbüßen, übernehmen sie auch unseren Teil der Schuld. Befreiung kann nur aus der Einsicht in die Bedeutung vergangener Schuld und moralischer Entscheidung für die Reformation der Identität kommen.

Befreiung und Einsicht

Ich habe eine Reihe atavistischer Züge im Menschen aufgezeigt, indem ich zunächst das Konzept der Pseudoartbildung mit den zugleich leidenschaftlichen und schüchternen Versuchen Jeffersons in Zusammenhang gebracht habe, sich von Vorurteilen zu befreien, die zwar dem zu seiner Zeit verfügbaren Wissen entsprachen, gleichwohl aber als Ursachen menschlicher Tragik erfahren wurden. Jefferson scheint für sein neues Bewußtsein die Gewißheit gebraucht zu haben, daß Weiß schön ist und daß die Würde, die er im weißen Gesicht sah, sowohl moralische Kraft verbürgte als auch Zurückhaltung in der Usurpation von Macht. Indes, es bedurfte eines Bürgerkrieges und beinahe zweier Jahrhunderte, um schwarzen Bürgern nicht nur einige der elementarsten Freiheiten zu sichern, sondern auch ein gewisses Maß an innerer Befreiung, das ihnen ermöglichte, sich selbst und andere davon zu überzeugen, daß Schwarz schön sei – und leistungsfähig. Doch geht es mit ihrer Befreiung und mit ihren Freiheiten so langsam voran, daß manchmal nur eine eruptive Rebellion den Fortgang der Dinge beschleunigen zu können scheint.

Ich halte es für sinnvoll, zwischen Freiheit und Befreiung zu unterscheiden und ebenso zwischen den revolutionären Aktionen, die die Freiheit sichern, und der inneren Emanzipation, die die Befreiung ermöglicht. Eine weltweite neue Identität wird sich schließlich von der Vielzahl revolutionärer Verhaltensweisen, durch welche die Freiheiten zuerst gesichert wurden, sowie von deren

– puritanischem oder radikalem – moralistischem Eifer befreien müssen (eine Vorstellung, die Marx nicht fremd war).

Lassen Sie mich zum Abschluß einige der hier vorgetragenen Konzepte auf gegenwärtige Befreiungsbewegungen anwenden, und zwar in der Reihenfolge, in der sie in den Mittelpunkt der nationalen Aufmerksamkeit getreten sind. Die Schwarzen, die Jungen und die Frauen haben eine gemeinsame Erfahrung: sie sind die anderen gewesen, während der erwachsene weiße Mann »das Normale« gewesen ist. Alle durch ein Stigma gezeichneten Gruppen sind gleichzeitig durch eine innere, psychische Unfreiheit gezeichnet, die einen unaufhebbaren Unterschied zum herrschenden Typus bezeichnet, durch eine Unfreiheit, die sich jedenfalls nicht durch das bloße Versprechen politischer und ökonomischer Gleichheit – die natürlich unerläßliche Bedingungen einer Befreiung sind – aufheben läßt. Denn im Verlangen nach Freiheit steckt die (mehr oder weniger) gezähmte Wut von Jahrhunderten darüber, daß man in einem neuen Weltbild am Rande gestanden hat. Das hier zentrale Problem ist ebenso einfach wie schicksalhaft: ein Schwarzer, wie gleich auch immer, hat nicht die Wahl, sich in einen Weißen zu verwandeln; ein Jugendlicher, wie gewiß ihm auch das spätere Erwachsensein ist, hat nicht die Wahl, hier und jetzt und auf seine Weise erwachsen zu sein; und eine Frau, wenn auch völlig gleichberechtigt, hat nicht die Wahl, als Mann geboren zu sein. Und die, die nicht die Wahl haben, anders zu sein, können auch nicht frei entscheiden zu bleiben, was sie sind. In dieser mißlichen Lage hilft es nichts, darauf hinzuweisen, daß auch der erwachsene weiße Mann nicht die Wahl hat, anders zu sein; und daß er, schlimmer noch, in seiner Kindheit gelernt hat, daß er nicht einmal spielen oder träumen darf, daß er vielleicht einmal etwas anderes sein möchte als ein erwachsener weißer Mann. In allen Gesellschaften (und hier schließe ich alle modernen Staaten ein) werden dem dominanten männlichen Typus besondere Chancen und Privilegien geboten, damit er selber seine Identität den engen und gleichförmigen Bedingungen des Systems gemäß definiert.

In den Revolten und Protesten, die in den letzten Jahren in der westlichen Welt stattgefunden haben, hat eine sich ihrer Jugend bewußte Jugend, um sich von der Last einer durch ihr Geburtsdatum definierten Pseudoart zu befreien, die ältere Generation zu einer quer durch Nationen, Klassen und Religionen gehenden Pseudoart erklärt. Die ältere Generation wurde wie eine ausgestoßene Art behandelt; nur Jungsein versprach eine neue Identität und ein neues Personsein. Um von einer eigenen Erfahrung als Autor zu sprechen: ich mußte erkennen, daß das Konzept der Identitätskrise nicht (oder nicht nur) deshalb zugelassen wurde, weil es eine Übergangsphase in der Entwicklung verständlich machte – was ich nicht bestreiten will –, sondern deshalb, weil es das Drama der Jugend mit allen seinen Gefahren als einen höchst wünschenswerten semipermanenten Status glorifizieren half.

Über das Frausein zu schreiben ist ein anderes Problem; und auf die Bewegung zur Befreiung der Frauen möchte ich nur deshalb kurz eingehen, weil im Titel dieser Vorlesung von einer neuen Identität die Rede ist und nicht von einem neuen Menschen, was uns leicht vergessen lassen könnte, daß der neue Mensch in der Vorstellung von Männern wie von Frauen den sich selbst schaffenden

Mann, den männlichen Menschen, bedeutet. Hat man dies einmal erkannt, vermutet man natürlich, daß »selbst geschaffen« auch bedeutet, daß die Männer die Tatsache verleugnen, daß sie von Frauen geboren und aufgezogen worden sind: wer muß aufgezogen werden, wenn er sich selbst an seinen Schuhriemen hochziehen kann – und dies in einer von einem männlichen Gott geschaffenen und von *founding fathers* vervollkommneten Welt?

Da Frauen, die auf der Suche nach einem neuen Bewußtsein sind, in höchst ambivalenter Weise verherrlicht worden sind, ist es nicht allzu erstaunlich, daß sie Autoren wie mir – die Äußerungen über die ganz besonderen Qualitäten der Frauen auf die Annahme stützen müssen, daß es (bestimmte) Geschlechtsunterschiede gibt – mißtrauen.

Auch in diesem Fall bedurfte ein neues Bewußtsein eine Zeitlang einer neuen Pseudoart: der so offenkundig gewordenen Tatsache, daß Frauen als das andere Geschlecht behandelt worden waren, wurde mit Diskussionen begegnet, in denen die Frauen schließlich offen von den Männern als der anderen menschlichen Art sprechen konnten.(Nebenbei bemerkt: alle Befreiungsbewegungen scheinen einhelliger Meinung über eine Tierart zu sein, die sich gern im Schlamm suhlt; sie alle sehen in ihr die Gegenart, mit der man den erwachsenen weißen Mann vergleichen muß.) Mit dem Verständnis, das die Männer so sehr brauchen, war es vorbei. Es wurde nicht mehr gesehen, daß eine unerbittliche Tradition sowie die Angst vor symbolischer Kastration die Männer in eine Pseudoartbildung getrieben haben, die von ängstlichem Ehrgeiz und langweiliger Plackerei ebenso erfüllt war wie von gern getaner Arbeit; von der Gefahr des Scheiterns ebenso wie von der Chance, an die Spitze zu kommen; und die vor allem mit der Verpflichtung verknüpft war, als ausführendes Organ wie als verkrüppeltes Opfer des Krieges zu dienen.

Wenn der erste Schritt zur Befreiung in der Freiheit besteht, nicht das zu sein, was man nach der Ansicht anderer sein muß, das heißt, frei zu sein, eine selbst gewählte Form für das, was man ist, zu finden, so verringern sich die Versprechen der Weiblichkeit vor Freuds berühmtem und inzwischen allgemein bekanntem Diktum, daß die Anatomie das Schicksal sei. Dieses Diktum hat eine interessante psychohistorische Geschichte, denn Freud wollte mit ihm dem Motto des Eroberers Napoleon widersprechen, dem Motto, daß die Geschichte das Schicksal sei. Mit anderen bin ich der Meinung, daß sich keines dieser beiden Schicksale leugnen läßt, aber unser Bewußtsein von Identität läßt uns noch hinzufügen, daß auch die Persönlichkeit entscheidend ist und daß das Schicksal von Männern wie von Frauen davon abhängt, was man aus der Tatsache machen kann, daß man in einer bestimmten historischen Situation eine bestimmte Art von Körper hat; und etwas aus dieser Tatsache zu machen, schließt zweifellos das Recht ein, gegen das zu rebellieren, was andere aus ihr machen. In Amerika wird freilich, wie einige Autoren recht deutlich gezeigt haben, jeder nachdrückliche Hinweis auf eine besondere Art von Körper als wahrhaft unamerikanisch übelgenommen; denn durch die Glorifizierung einer unbegrenzten Wahl selbst geschaffener Rollen und Persönlichkeiten trifft die amerikanische Identität ein sehr tiefsitzendes menschliches Bedürfnis.

In meinen Untersuchungen über die Phasen des Lebenszyklus habe ich die Entwicklung der Initiative – einer Initiative, die sich von infantilen Schuldgefühlen befreien muß – als die Übergangsphase vom Spielalter zum Schulalter dargestellt. Dagegen haben manche Kritiker eingewandt, daß der Terminus »Initiative« einen zu amerikanischen Wert hervorhebe. Nun bin ich zwar der Überzeugung, daß alle Menschen bestimmte, von ihrer Kultur gebilligte und durch definierte Schuld begrenzte Formen von Initiative entwickeln, doch ist auch offensichtlich, daß die amerikanische Identität eine besondere Prämie auf diese Handlungsqualität gesetzt hat, die dem allgemeinen Verlangen nach Erneuerung so gut entspricht. Eine solche Prämie ist denjenigen versagt, die in ihrer Initiative begrenzt sind; und alles deutet darauf hin, daß der Initiative beraubte Klassen von Individuen sich schuldig fühlen können – so als ob etwas in ihnen selbst ihre Deprivation verursacht hätte. Die natürliche Weise, sich eine solche Selbstanklage vom Hals zu schaffen, besteht darin, seinerseits andere in einem moralistischen Exzeß anzuklagen – eine Initiative, die sich alsbald zu erschöpfen pflegt und kompetentes Handeln eher hindert als fördert.

Eine gewisse Wut des Protests ist ein notwendiger Antrieb, um Befreiung oder zumindest Rechtfertigung in Gang zu setzen. Und ist dieser Prozeß erst einmal in Gang gekommen, so bedarf es eines neuen Bewußtseins, das das Offenkundige nicht erneut verdrängen darf; es bedarf unbedingt der Einsicht in die inneren, geheimen Abkommen der Benachteiligten mit denen, die sie benachteiligen. Ich habe auf eines der wohlbekannten inneren Abkommen auf seiten der Benachteiligten hingewiesen: es scheint, als folgte aus der gemeinsamen Existenz in einem gemeinsamen Weltbild nicht nur die Anerkennung der vorherrschenden Ideale, sondern auch eine unbewußte Zustimmung zu dem Urteil der Minderwertigkeit, und zwar um des in meiner Profession so genannten sekundären Gewinnes willen.

Das Weltbild, das den Selfmademan in den Mittelpunkt des Universums gestellt hat, hat der Frau bestimmte komplementäre Rollen zugeteilt, die im privaten Bereich und im Bereich der Erziehung eine so große Bedeutung gewonnen haben, daß sie beiden Geschlechtern als Kompensation gedient haben: die Männer konnten sich beherrscht fühlen und die Frauen konnten auf außerhalb des häuslichen und privaten Bereichs liegende Macht- oder Einflußsphären verzichten und potentielle Kompetenzen verkümmern lassen. In den landwirtschaftlichen Anfängen Amerikas hat es zunächst eine Funktionsteilung gegeben, die die unterschiedlichen Rollen in zumindest einem Punkte gleich machte: beiden Geschlechtern war eine gleichermaßen beharrliche und gleichermaßen wichtige Arbeit zugeteilt. Diese Rollenteilung wurde später auf ganz andere ökonomische Bedingungen übertragen und führte dadurch zur Hinnahme ungleicher Chancen und ungleicher Kompensationen. Und je mehr die Bedeutung des Sich-selbst-geschaffen-Habens sich von dem, was man war (das heißt, durch harte Arbeit aus sich gemacht hatte), auf das verschob, was man hatte (das heißt erworben hatte und für alle sichtbar besaß), sowie auf das, was man konsumieren konnte (das heißt, kaufen und verbrauchen konnte), um so mehr wurde »die Rolle der Frau« zumindest in einigen herrschenden Klassen zum Symbol für die auffällige Ausprägung von Funktionen wie Hausfrau, Mutter oder entzückende Gespielin. Entscheidend ist hier: wo solche Rollen Frauen auf begrenzte Situationen und Aktivitäten beschränkten, verliehen diese Rollen ihnen auch eine Macht, die vielen Männern in den ihnen weit offenstehenden Bereichen versagt war. Jede befreiende Verschiebung in einem Weltbild erheischt daher die gleichzeitige Untersuchung solcher wechselseitigen Akkommodationen.

Befreiung ist stets wechselseitig. Die Chance zu wahrer Befreiung ergibt sich dann, wenn beide Seiten ihrer bedürfen. Technologische, kommerzielle und professionelle Überexpansionen drohen, auch aus Männern Karikaturen ihrer einseitigen Männlichkeit zu machen, so wie die Rollen der Haushälterin, der Wächterin der Sitten oder des Mannequins weibliche Neigungen ausgebeutet haben. Bei der Umbildung der ökonomischen und politischen Struktur, die wieder eine Gleichheit der Arbeitsmöglichkeiten und der gemeinsamen Funktionen der Elternschaft herstellen soll, müssen die Männer die Masken erkennen, unter denen sie weiterhin die Rolle von Selfmademen spielen, während in Wirklichkeit auch sie in ihren Rollen gefangen sind. Die Männer können heute das Zwanghafte am Spiel der unbegrenzten Expansion erkennen, einem Spiel, das in vielen Bereichen längst über alle vernünftigen Ziele hinausgegangen ist. Und sie können die Versuche durchschauen, die üblich gewordene Korruption der Mittel unter dem Mantel kluger Voraussicht zu verbergen. Denn der Preis für all dies ist eine Mechanisierung der Motive und eine Verarmung der Persönlichkeit – Folgen, die das Leben des Strebens nach Glück berauben, jener leitenden Idee, die am Anfang stand.

136

Schluß:
Ein Jahrhundert des Erwachsenen?

Zum Schluß noch eine Frage. Als ich jung war, war viel vom Jahrhundert des Kindes die Rede. Ist es zu Ende? Wir hoffen, es ist ruhig in die Geschichte eingegangen. Inzwischen sind wir durch so etwas wie ein Jahrhundert der Jugend hindurchgegangen. Doch wann wird das Jahrhundert des Erwachsenen anfangen? Hier scheinen mir einige Fragen offen geblieben zu sein. So bleibt unser Wissen über Kinder wie über junge Menschen recht bruchstückhaft (für sie ebenso wie für uns), wenn wir nicht wissen, was sie nach unserer Ansicht werden sollen, oder wenn wir nicht einmal wissen, was wir gerne sein – oder gewesen sein – möchten. Ohne ein solches Wissen fühlen wir uns in einem unbestimmten Sinne schuldig, gleichgültig, ob wir die Kinder gewähren lassen oder ob wir sie ständig streng maßregeln. Und wenn wir uns schuldig fühlen, übertreiben wir beides. Wir müssen klar sehen: kein statistischer Beweis und keine Kontrolliste für das, was für Kinder gut oder schlecht ist, kann uns sagen, wie wir selbst sein sollen, was für sie, die Kinder, am meisten zu zählen scheint.

Ich arbeite in einer Studiengruppe mit, die herauszufinden versucht, was ein Erwachsener ist, was zunächst bedeutet, was in verschiedenen historischen Epochen und in verschiedenen Regionen der Welt als Erwachsener galt, und dann, was ein Erwachsener heute ist und sein möchte. Es ist erstaunlich (oder auch nicht), in welche Verlegenheit oder gar Verärgerung höchst gebildete und sich in vielen Lebensbereichen pragmatisch verhaltende Personen geraten können, wenn man sie bittet, bei solchen Fragen zu helfen. »Darüber habe ich niemals nachgedacht, und das will ich auch jetzt nicht«, war die Antwort eines reifen politischen Kommentators. Manche werden durch unsere Frage verwirrt, weil sie sich für sehr erwachsen halten, aber sich dessen nicht rühmen wollen. Andere, die sich ihres Erwachsenseins nicht ganz so sicher sind, mögen fürchten, entdeckt zu werden – als ob wir so sicher wären! Denn wir alle müssen uns heute fragen, was in der künftigen Arbeitswelt Erwachsene einander und sich selbst bedeuten können; wir müssen diese Frage insbesondere angesichts der Tatsache stellen, daß künftig geborene Kinder alles Recht haben zu fragen, warum sie nicht zufällig, sondern aus freier Entscheidung geboren worden sind, wenn es den verantwortlichen Erwachsenen gleichgültig ist oder sie nicht einmal wissen, welche Ideale sie für die Kinder verkörpern können oder welche Wahlen sie ihnen anbieten können.

Die Wahl zu zeugen oder nicht zu zeugen bleibt jedoch nur dann eine freie Wahl, wenn wir aufhören, die psychobiologische Tatsache zu leugnen, daß reife Sexualität mit Fruchtbarkeit zusammengeht. Die Menschen können mit allen ihren Trieben spielen und sie in den Dienst des Lebens, des Zusammenseins und schöpferischer Tätigkeit stellen, aber sie bleiben verantwortlich dafür. Zu wissen, daß Erwachsensein auch fruchtbar sein bedeutet, heißt nicht unbedingt, daß man Kinder erzeugen muß. Aber es heißt zu wissen, was man tut, wenn man keine Kinder erzeugt. Das Recht (oder die Verpflichtung), weniger (oder keine) Kinder zu haben, kann nur dann ein freies Recht sein, wenn es größere persönliche Verantwortung und größere Verantwortung der Gemeinschaft für alle, die geboren werden, bedeutet – eine Verantwortung, die sich auf den ganzen Lebenszyklus beziehen muß.

Das erinnert mich noch einmal an Jeffersons Vorstellung von der idealen Größe einer Gemeinde. Vielleicht ist seine Vorstellung gar nicht so weit entfernt von der optimalen Größe kommunaler Einheiten, die in einer künftigen Megalopolis gebaut werden (abgesehen davon, daß Radwege anstelle von Fußmärschen das geeignete Größenmaß abgeben werden). Es kommt darauf an, daß es in jeder Lebensphase ein – sicher in die größeren Netze der Automobilität und der Massenmedien eingebettetes – Netzwerk direkter persönlicher Kommunikation und direkter Kommunikation auf der Ebene der Gemeinde gibt. Im ganzen Lande macht sich eine spontane Bereitschaft zu einer solchen Gemeinschaftsbildung bemerkbar, ein Bedürfnis, das auch schon auf den Zeichentischen der Architekten liegt. Und ich meine, daß dieses Bedürfnis aus guten politischen wie aus guten psychologischen Gründen empfunden wird: wenn die amerikanische Demokratie angesichts der Superorganisationen des Staates und der Wirtschaft, der Industrie und der Arbeit überleben soll, dann ist sie auf persönliche Kontakte in Gruppen von optimaler Größe angewiesen, wobei optimal die Möglichkeit bedeutet, einander in Fragen, die das Leben jedes einzelnen betreffen, zu überzeugen. Und die Arbeitskraft der Frauen ist nirgendwo verpflichtender als in der kommunalen Kultur der Zukunft, denn seit es Menschen gibt, haben die Frauen gelernt, auf das Bedürfnis des sich entwickelnden Kindes zu antworten und Antworten auf das Bedürfnis des Kindes im Erwachsenen sowie auf das Bedürfnis kleinerer Gemeinschaften innerhalb eines größeren Gemeinwesens zu finden. Wenn sie nur wollen, können Männer natürlich viel von den Frauen lernen; nicht nur, weil auch sie Mütter hatten und jeder von ihnen eine Mutter in sich hat, sondern einfach deshalb, weil das Interesse an Dingen und Menschen dort, wo es zugelassen ist, wächst.

Ganz zum Schluß kann ich nun nur noch ganz kurz andeuten, was ein Erwachsener ist. Identität ist natürlich nicht alles, weder für einen Menschen noch für eine Nation – vorausgesetzt, man hat eine. Ich habe zu skizzieren versucht, wie Amerika eine Identität erworben hat. Indes, eine dauernde Sorge um seine Identität führt entweder zum Prahlen oder zum Klagen; man prahlt damit, daß man genau weiß, wer man ist – wie es viele nationalen Typen (und Karikaturen) so drastisch tun –, oder man beklagt sich darüber, daß man nicht weiß, wer man ist. Unter dem Gesichtspunkt der Entwicklung würde ich sagen: in der Jugend findet man heraus, was man *gern tun* möchte und wer man *gern sein* möchte – und man probiert das in wechselnden Rollen. Im frühen Erwachsenenalter lernt man, mit wem man bei der Arbeit und im Privatleben *gern zusammensein* möchte – mit wem man nicht nur Intimitäten austauschen, sondern Intimität teilen möchte. Und im reifen Erwachsenenalter lernt man schließlich zu erkennen, wofür und für wen man *Sorge tragen* kann. Ich habe all dies bereits früher gesagt; doch muß ich hinzufügen, daß es im Grunde dem entspricht, was im Hinduismus als Erhaltung der Welt bezeichnet wird, jener mittleren Periode des Lebenszyklus, in der die Existenz einem erlaubt und von einem verlangt, den Tod als peripher zu betrachten und seiner Gewißheit das einzige dauerhafte Glück entgegenzusetzen: nach seinen Möglichkeiten den guten Willen und die höhere Ordnung in seinem Ausschnitt der Welt befördern. Glück – Glück als ein politisches Prinzip – kann für Erwachsene meines Erachtens keine andere Bedeutung haben. Was Jefferson über die Grenze der Schulden, welche die lebende Generation als Erbe übernehmen muß, gesagt hat, könnte durchaus die Hoffnung einschließen, daß die Erwachsenen es lernen werden, die nächste Generation nicht mit den unreifen Zügen zu belasten, die sie selbst von früheren Generationen ererbt haben; das gleiche gilt auch für die anderen Zitate, über die wir gesprochen haben. Zusammenfassend könnte man sagen: Ohne den inneren Umstand, daß dem von früheren Generationen überkommenen zwanghaften Gewissen in wesentlichen Hinsichten Idealbilder entgegenwirkten, die in seiner Jugend von wahrhaft erwachsenen und kompetenten Personen verkörpert worden waren, hätte Jefferson nicht jene große (und ihrer selbst tragisch bewußte) Gestalt sein können, die er gewesen ist. Dies scheint mir die wichtigste Lehre aus einer neuen Auseinandersetzung mit einem solchen Mann zu sein.

Alphabetisches Verzeichnis der
suhrkamp taschenbücher wissenschaft